Der

Barkeeper

Cocktails

Die Kunst des Mixens

Entwurf und Realisation: Butler & Tanner Printers Ltd
Einleitungstexte: Lisa Hughes, Sarah Johnstone
Register: Nick Fawcett

Parragon Books Ltd
Queen Street House
4 Queen Street
Bath BA1 1HE, UK

Realisation der deutschen Ausgabe: trans texas publishing, Köln
Übersetzung: Susanne Schmidt-Wussow, Berlin; Jens Bommel, Kaufering; Scriptorium GbR, Köln
Lektorat: Urike Reinen, Köln

ISBN 978-1-4075-7769-2

Printed in China

Warnung

Kinder, ältere Menschen, Schwangere, Kranke und Rekonvaleszenten sollten auf Drinks mit rohen Eiern verzichten. Die angegebenen Zeiten können von den tatsächlichen leicht abweichen.

Bildnachweise

Fotos: Mike Cooper, Charlie Richards, Günter Beer und Carole McDonald. Ein besonderer Dank an Beau Field und Raymond Law von Mu Mu's in Bristol, an Bibas in Bristol und an Passvale Farm in Somerset für ihre Mitwirkung bei den Barfotos.

Zusätzliche Fotos: Seite 6 ©istockphoto.com/erichood; Seite 14 unten rechts ©istockphoto.com/itographer; Seite 15 ©istockphoto.com/nickfree; Seite 17 unten ©istockphoto.com/dny59; Seite 18 oben ©istockphoto.com/beans-; Seite 18 unten ©istockphoto.com/ivanmateev; Seite 22 oben Mitte ©istockphoto.com/sasodo; Seite 23 oben rechts ©istockphoto.com/dias46; Seite 25 ©istockphoto.com/2044photo, Seite 26 ©istockphoto.com/zonecreative; Seite 36 ©istockphoto.com/raatzie; Seite 42 ©istockphoto.com/luisportugal, Seite 46 ©istockphoto.com/muratkoc; Seite 52 ©istockphoto.com/chronistin; Seite 66 ©istockphoto.com/abzee; Seite 78 ©istockphoto.com/thedman; Seite 80 ©istockphoto.com/horst72; Seite 84 ©istockphoto.com/plainview.

VORWORT
von ANGUS WINCHESTER

Nach nahezu 70 Jahren treten die Cocktails und die Vertreter der Barkeeperzunft endlich aus ihrem Schattendasein heraus. Aber wie so vieles im 21. Jahrhundert ist auch in der Barszene alles etwas komplizierter geworden. So ist der bescheidene, aber stolze Barkeeper durch den umfassend geschulten Mixologen oder sogar den Barchef ersetzt worden, und die wenigen Flaschen und Säfte der klassischen Bar verschwinden unter einer Lawine verrückter und wundervoller Liköre, Früchten und Aromen aus aller Welt. Auch kann sich der Barkeeper oder Amateurmixer nicht mehr länger nur an den USA orientieren – der Rest der Welt hat in Sachen edler Drinks und nobler Bars längst aufgeholt.

Allerdings haben viele der traditionellen Grundlagen weiterhin Bestand. Ein guter Cocktail ist immer noch eine ausgewogene Komposition aus starken und schwachen, süßen und sauren Zutaten, die gekühlt und in passenden Gläsern serviert wird. Eine großartige Bar verbindet immer noch exzellenten Service mit Ambiente, hervorragenden Produkten und Leidenschaft. Es ist auch möglich, gute Cocktails zu Hause zu mixen, sofern man über entsprechende Zutaten, eine solide Beherrschung der Technik und eine umfassende Rezeptsammlung verfügt.

Ständig werden neue Drinks erfunden – oft mit einem Blick auf die Klassiker, aber gleichzeitig auf die vielen wunderbaren neuen Zutaten. Manche dieser Getränke findet man in Büchern wie diesem hier wieder, andere werden nur von denen genossen, die bei ihrer Geburtsstunde zugegen waren und sich am nächsten Tag an das Rezept erinnern können. Die Kunst, Drinks zu mixen, ist dank des Vergnügens, das für alle Beteiligten damit verbunden ist, eine wunderbare Fertigkeit. Die Künstler in diesem Fach, seien es nun weltbekannte Barchefs oder Hobby-Barkeeper, zeichnen sich durch einen großen Wissensdurst, die Faszination für die unzähligen Aromen und durch ein unermüdliches Streben nach Perfektion aus. Ich zumindest bin dankbar für diese Eigenschaften.

Cheers … möge es uns nie schlechter gehen als jetzt.

Angus Winchester ist ein reisender Mixologe, der Genießern und Barpersonal in aller Welt perfekte Cocktails kredenzt und guten Rat spendet. Er hat bereits in mehreren der besten Bars der Welt gearbeitet und in allen getrunken.

COCKTAILS

EINLEITUNG

Die Zeiten, in denen man unter einem Cocktail eine kränklich bunte Fertigmischung mit einem Papierschirmchen am Rand verstand, gehören glücklicherweise längst der Vergangenheit an. Wenn Sie natürlich auf Bonbonfarben und Kitsch stehen, sei Ihnen das gegönnt – in den renommierten Cocktailbars bevorzugt man jedoch eher elegante und geradezu glamouröse Cocktailkreationen.

Dies bedeutet, dass der Fokus in der Welt der Cocktails auf frischen, hochwertigen Zutaten im manchmal subtilen oder überraschenden Geschmackskombinationen liegt. Ob in der Bar oder zu Hause – mittlerweile sind gekonnt gemischte und gezielt auf den Geschmack des Gastes abgestimmte Drinks an der Tagesordnung.

DER PERFEKTE BARKEEPER

Ein guter Barkeeper verbindet die Präzision des Wissenschaftlers mit der Kreativität des Künstlers. Sowohl Techniker als auch Chefkoch, verfügt er über ein umfassendes Verständnis seines Handwerkszeugs, ist organisiert, aber auch sensibel, experimentierfreudig und der Theatralik nicht abgeneigt. Er fühlt sich beim Experimentieren hinter der Bar genauso wohl wie beim großen Showmixen auf der Bühne, wo er seinen Gästen jeden Wunsch von den Augen abliest und seine Kreationen mit Verve präsentiert.

Lassen Sie sich davon jedoch nicht abschrecken. Auch Sie können diese Perfektion erreichen, vor allem mit diesem Buch neben dem Eiskübel. Denken Sie aber immer daran: Zur Perfektion hinter der Bar gehören sowohl Substanz als auch Stil.

Aus diesem Grund führt dieses Buch den Leser zunächst in das Mysterium der Mixologie ein – die Wissenschaft und das Geheimnis der besten Cocktails. In diesem Kapitel lernt der zukünftige Barkeeper, wie man schüttelt, rührt, abseiht und mixt. Hier finden Sie Anleitungen für die Herstellung eines Eiswürfels ebenso wie für die komplexen Techniken des Schichtens, Floatens und Stoßens.

Darüber hinaus bietet Ihnen das Buch jede Menge wertvoller Informationen zur Grundausstattung Ihrer Bar, dem Handwerkszeug des Barkeepers und den verschiedenen Glasformen. Hier erfahren Sie, wie die Gläser zu ihren Namen gekommen sind, wann sie benutzt werden und

warum es wichtig ist, immer das richtige Glas für einen bestimmten Drink zu verwenden.

DIE QUELLE DES ERFOLGS

Ein guter Barkeeper hat ein feines Gespür für die wichtigen Bestandteile eines guten Cocktails, deshalb bietet dieses Buch ein umfassendes Lexikon mit ausführlichen Beschreibungen von über 300 verschiedenen Spirituosen, Weinen und Bieren bis hin zu eher ungewöhnlichen Likören, Aromen und nicht-alkoholischen Getränken. Dort finden Sie die Zutaten nach ihren Grundbestandteilen sortiert sowie Informationen zu ihrer Herkunft, Herstellung, Verwendung und Präsentation.

Darüber hinaus erfahren Sie in diesem Kapitel etwas über die Geschichte der einzelnen Zutaten. Hintergrundinformationen zu den Zutaten und den Zubereitungstechniken sowie Anekdoten helfen dem Barkeeper, das Gespräch an der Bar in Gang zu halten und die Gäste zu unterhalten, während diese auf ihre Drinks warten.

COCKTAILREZEPTE

Den Kern dieses Buchs bilden die mehr als 400 Cocktailrezepte. Sie sind nach Anlass oder der geeigneten Tageszeit sortiert, und jeder Gruppe ist ein repräsentativer Cocktail vorangestellt.

Vom traditionellen, aber unverwüstlichen Martini über Margarita, Daiquiri und Caipirinha bis zum neuen Klassiker Cosmopolitan sind alle bekannten Namen vertreten. Daneben finden sich auch viele weniger bekannte Rezepte, die ein Revival verdient haben, sowie moderne und ungewöhnliche Kreationen aus unbekannteren Spirituosen, frischen Früchten und Kräutern. Die Auswahl ist also weit gefasst, sodass sich hier ein Cocktail für jede Stimmung und jede Gelegenheit finden lässt.

Alle Rezepte bieten Angaben zur Menge und werden von einem Symbol begleitet, das Ihnen das zum Cocktail passende Glas zeigt. Außerdem finden Sie hier zusätzliche Informationen zur Geschichte vieler Cocktails.

Schließlich beinhaltet dieses Buch eine Auswahl an Rezepten für köst-

liche und erfrischende nicht alkoholische Cocktails, die gern auch als Mocktails bezeichnet werden. Niemand soll sich ausgeschlossen fühlen – ob Sie nun Auto fahren müssen, zu jung sind, um Alkohol zu trinken, oder einfach keinen Alkohol mögen.

DIE BESTEN BARS

Um dieses umfassende Werk abzurunden, werden zwischen den Rezeptkapiteln einige der besten Bars der Welt vorgestellt. Wir haben zehn Bars ausgewählt, eine aus jeder der für Barbesucher schönsten Städte der Welt, die jede für sich einzigartige Attraktionen zu bieten hat. Von gemütlichen Refugien bis hin zu Treffpunkten des Jetsets, von Orten in schwindelerregender Höhe bis zu rustikalen Strandbars sind hier die Orte versammelt, die man einfach besucht haben muss, sollte man je die Gelegenheit dazu haben. Reicht Ihnen hingegen im Moment der Weg bis zum nächsten Spirituosengeschäft aus, lassen Sie sich einfach vom Ambiente und der Philosophie dieser Bars inspirieren.

Ob dieses Buch nun in der Bar um die Ecke steht oder auf dem heimischen Couchtisch liegt – das informative, praktische und unterhaltsame Kompendium ist, wie ein perfekter Cocktail, ein reines Vergnügen. Hier kommen sowohl der aufstrebende Barkeeper als auch der abenteuerlustige Genießer auf ihre Kosten. Lehnen Sie sich zurück und lesen Sie. Und dann greifen Sie selbst zum Shaker.

Nüchtern ausgedrückt, will dieses Buch Sie zum Genuss edler Cocktails und anderer Drinks anregen. Dabei geht es allerdings nicht um hemmungslosen Alkoholkonsum. Verantwortungsvoll eingesetzt, kann Alkohol die Stimmung auf angenehme Art aufhellen. Missbrauch hingegen führt unweigerlich zu sozialen und gesundheitlichen Problemen, sowohl für den Einzelnen wie auch für die Gesellschaft. Deshalb empfehlen die Herausgeber dieses Buchs, Cocktails und andere alkoholische Getränke mit Bedacht zu konsumieren.

DIE REZEPTE

Die Cocktailrezepte, die Sie ab Seite 86 finden, sind aus den verschiedensten Quellen zusammengetragen. Leider gibt es keine international festgelegten Standards für Cocktailmaße. Die meisten Barmaße fassen standardmäßig 2 und 4 cl, was aber die Anschaffung eines guten Messbechers nicht erspart. In diesem Buch werden aus praktischen Erwägungen bei allen Rezepten die üblichen Angaben in Millilitern (ml) und Zentilitern (cl) verwendet.

Bei den Mengenangaben geht es prinzipiell um das Verhältnis der Grundspirituose zum Modifier, also dem Saft, dem Champagner oder der Sahne, der den Drink zusammenhält und zu einem Cocktail macht.

Wie bei jedem Rezept ist es wichtig, sich genau an die Angaben zu halten, um ein optimales Ergebnis zu erzielen. Wenn das Rezept verlangt, das Glas zu kühlen, müssen Sie es auch kühlen. Wenn Sie das Glas mit Eis füllen sollen, tun Sie es. Wird grob gestoßenes Eis verlangt, nehmen Sie kein fein gestoßenes – es kommt aufs Detail an.

Auf der anderen Seite wird ein guter Barkeeper den Cocktail immer fein abstimmen. Wenn Sie also das Grundrezept gemeistert haben, können Sie einzelne Zutaten durch etwas Ähnliches ersetzen, die Anteile leicht verändern oder mit Garnituren experimentieren. Durch direkte Vergleiche schulen Sie Ihren Gaumen und sind schließlich in der Lage, bessere Drinks zu mixen.

Verlangt ein Rezept nach einem anderen Eis als den üblichen Eiswürfeln, wird das in der Zutatenliste erwähnt.

GARNITUREN

Garnituren sind ein Bestandteil des Cocktails, seien es nun klassische Cocktailkirschen oder Oliven, Zitronenscheiben, Mini-Obstspieße, essbare Blüten oder kitschige Extras, denn die Dekoration macht einen Teil des Spaßes aus. Garnituren können den Geschmack beeinflussen, vor allem Zitronen, Orangen, Limetten oder Grapefruitschale. Zitrusfrüchte sollten ungespritzt sein.

Schalen ziehen Sie am besten mit einem Zitrusschäler, einem Sparschäler oder einem kleinen, scharfen Messer ab. Entfernen Sie das weiße Mark, und schneiden Sie ein Stück Schale längs in Streifen. Drehen Sie sie über der Oberfläche des Drinks zusammen, um das Zitrusöl freizusetzen, und hängen Sie sie entweder an den Glasrand oder geben Sie sie in den Cocktail. Eine Spirale erhalten Sie, indem Sie die Frucht kreisförmig von oben nach unten schälen.

LEGENDE DER SYMBOLE

- ☆ Klassiker
- Martiniglas
- Londrinkglas
- Whiskyglas
- Sektflöte
- Weinglas
- Schnapsglas
- Cognacschwenker
- Sourglas
- Hurricaneglas
- Margaritaglas
- Pousse-Café-Glas
- Irish-Coffee-Glas
- Becher oder Henkelbecher
- Ausgehöhlte Ananas

DAS HANDWERKSZEUG

Wie umfangreich Ihre Barausstattung ist, hängt sehr davon ab, ob Sie zu den Menschen gehören, die immer das allerneueste Spielzeug haben müssen, oder ob Sie auch mit dem zufrieden sind, was Sie vorfinden. Davon abgesehen sollten Sie den Barbereich immer sauber und aufgeräumt halten – allein das professionelle Erscheinungsbild wird Ihre Gäste beeindrucken.

BARMASS

Wenn Sie Cocktails mixen wollen, kommen Sie um dieses Grundmaß jeder Bar nicht herum. Das Barmaß, auch Jigger, gibt es in den unterschiedlichsten Formen, aber das am weitesten verbreitete und praktischste ist aus Metall und besteht aus zwei am Boden miteinander verbundenen Bechern mit 2 cl und 4 cl Fassungsvermögen. Manche haben zusätzlich 1-cl-Markierungen.

Portionierer erleichtern das Abmessen, sind aber nicht notwendig.

SHAKER

Das zweite unerlässliche Werkzeug ist der Shaker. Viele professionelle Barkeeper bevorzugen einen Boston Shaker, der aus zwei dicht abschließend aufeinandergesteckten Bechern besteht, von denen einer zum Abmessen und Rühren dient. Der Nachteil ist, dass man ein separates Barsieb benötigt, das man beim Ausgießen über das Glas hält.

Die Alternative ist ein konventioneller Cocktailshaker, der über ein integriertes Sieb verfügt.

BARLÖFFEL

Selbstverständlich können Sie auch einen beliebigen Löffel nehmen, aber ein richtiger Barlöffel besitzt eine kleine Laffe und einen langen Stiel, mit dem man einfacher stoßen, mixen und rühren kann. Zusätzlich benötigen Sie einen Tee- und einen Esslöffel zum Abmessen.

STÖSSEL

Wollen Sie ordentlich arbeiten, vor allem, wenn Sie Zitrusfrüchte oder Kräuter zerdrücken müssen, brauchen Sie einen kräftigen Holzstößel mit geradem Schaft und abgerundetem Ende, den man auch zum Zerstoßen von Eis verwendet. Ersatzweise können Sie aber auch einen gewöhnlichen Stößel mit Mörser oder einen Holzlöffel verwenden.

RÜHRGLAS

Zum Rühren eignet sich jedes Gefäß mit etwas mehr als einem halben Liter Inhalt, vor allem, wenn man mehrere Drinks auf einmal zubereiten will. Ein Krug mit Ausguss, der das Eis zurückhält, ist sehr praktisch.

MIXER

Ein Elektromixer ist ausgesprochen praktisch, vor allem beim Mixen von Cocktails auf Frucht- und Sahnebasis. Das Gerät sollte mindestens zwei Stufen für sanftes oder kräftiges Mixen haben. Vor allen Dingen sollte es aber stabil sein und einen sehr kräftigen Motor haben, um auch größere Mengen Eis zerkleinern zu können.

SAFTPRESSE

Zum schnellen Pressen von Zitrusfrüchten wird eine kleine Handpresse verwendet. Diese ist in verschiedenen Ausführungen erhältlich. Für kleine Mengen gibt es auch den sogenannten Zitronenausgießer, der in eine Zitrone oder Limette eingeschraubt wird und tropfenweise Saft spendet.

FLASCHENÖFFNER

Ein Flaschenöffner ist ein einfaches, aber praktisches Werkzeug, das in nahezu jedem Haushalt zu finden ist. Wenn Sie ihn häufig benutzen wollen, lohnt sich aber auch ein stabiler, professioneller Flaschenöffner, der an die Wand oder Theke geschraubt wird und das Öffnen deutlich beschleunigt.

KORKENZIEHER

Korkenzieher gibt es in vielen unterschiedlichen Formen. Egal, ob Sie sich nun für die schlichte Konstruktion aus Griff und Wendel oder ein Hightech-Modell entscheiden, achten Sie immer darauf, dass Sie vor allem schnell und unkompliziert damit arbeiten können.

VERSCHLÜSSE UND AUSGIESSER

Ein wiederverwendbarer Weinflaschenverschluss, möglichst mit integrierter Vakuumpumpe, und ein Sektflaschenverschluss, der die Kohlensäure bewahrt, sind sicherlich lohnende Anschaffungen. Wenn Sie häufig Liköre verwenden, empfehlen sich spezielle Ausgießer, die auf den Flaschenhals gesteckt werden und ein schwungvolles Eingießen ermöglichen.

SCHNEIDEBRETT UND MESSER

Sie brauchen ein kleines Schneidebrett und ein scharfes Messer zum Schneiden von Obst und Garnituren. Ein Zitrusschäler ist praktisch, aber ein Sparschäler funktioniert genauso gut, wenn auch mit etwas weniger Präzision.

EISKÜBEL

Nahezu jedes nicht zu kleine Gefäß kann als Eiskübel dienen, aber Kübel mit Deckel lassen das Eis langsamer schmelzen. Greifen Sie die Eiswürfel immer mit einer Eiszange.

Selbstverständlich braucht man für Cocktails einen guten Eisvorrat, und wenn gerade kein Kühlschrank in der Nähe ist, lohnt sich die Anschaffung einer portablen Eismaschine. Allerdings ist auch Fertigeis im Beutel erhältlich, so könnten Sie stattdessen einen Minikühlschrank für die Cocktaizutaten anschaffen.

COCKTAILSTÄBCHEN

Möchten Sie Ihre Cocktails besonders stilvoll servieren, sind Papierschirmchen nicht unbedingt geeignet, aber wenn Sie gern im Kitsch vergangener Zeiten schwelgen, sollten Sie zu altmodischen Cocktailstäbchen greifen, die sich zudem zum Umrühren und Aufspießen widerspenstiger Garnituren eignen.

GLÄSER

Sie benötigen zumindest hohe Becher- und Weingläser, zudem gibt es viele unterschiedliche Cocktailgläser und genauso viele gute Gründe, bestimmte Cocktails in bestimmten Gläsern zu servieren (siehe Seite 16–19). Deshalb legen die meisten Barkeeper irgendwann eine eigene Sammlung an.

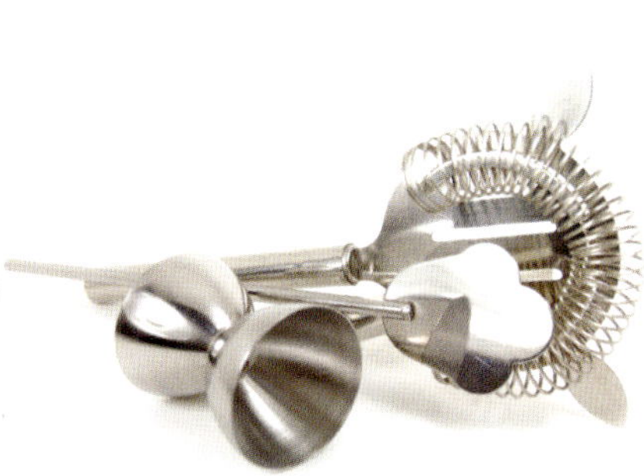

DIE GRUNDZUTATEN

Selbstverständlich brauchen Sie die Zutaten für Ihre Lieblingscocktails, und Sie sollten auch eine gute Auswahl beliebter Spirituosen vorrätig haben, aber darüber hinaus gibt es eine Reihe von Dingen, die ein guter Barkeeper immer zur Hand hat.

SPIRITUOSEN UND WEINE

Gin
Wodka
Brandy
Rum
Tequila
Whisky/Whiskey
Vermouth Dry
Vermouth Sweet
Rotwein
Weißwein
Champagner oder Schaumwein
Bier

LIKÖRE

Triple Sec, Curaçao, Cointreau oder Grand Marnier
Kahlúa oder anderer Kaffeelikör
Pernod

SOFTDRINKS

Fruchtsäfte (idealerweise frisch gepresst)
Mineralwasser
Sodawasser
Tonic Water
Cola
Ginger Ale
Limonade (z. B. Bitter Lemon)

AROMEN UND GARNITUREN

Angostura
Worcestershiresauce
Tabasco
Grenadine
Kristall- und Puderzucker
Zuckersirup (siehe Rezept, rechts) oder Glukosesirup
Fruchtsirup (je nach Geschmack)
Salz
Cocktailkirschen
Oliven
Perlzwiebeln
Zitronen, Limetten und Orangen

ZUCKERSIRUP

1 Teil Wasser
2 Teile Zucker

Das Wasser in einem Topf aufkochen. Vom Herd nehmen und den Zucker einrühren, bis er vollständig aufgelöst ist. Abkühlen lassen, in ein Schraubglas füllen, verschließen und kalt stellen. Der Sirup hält sich im Kühlschrank bis zu einen Monat.

DAS RICHTIGE GLAS

Manchen Menschen kann man mit der falschen Glaswahl den ganzen Spaß am Cocktail verderben. Dem möchte dieses Kapitel vorbeugen.

KLASSISCHE GLASFORMEN

Das traditionelle, Y-förmige Cocktailglas bezeichnet man auch als Martiniglas. Wie bei allen Stielgläsern ermöglicht der Stiel dem Trinkenden, das Glas zu halten, ohne den Drink mit der Hand anzuwärmen. Außerdem verhindert die Form, dass sich die Zutaten trennen, und der Stiel hält das Getränk kühl. Martinigläser werden normalerweise für Cocktails ohne Eis verwendet. Sie sind in verschiedenen Größen erhältlich.

MARTINIGLAS

Das wohl bekannteste Cocktailglas, das konische Martiniglas, entstand während des Art déco und wurde 1925 auf der Pariser „Exposition Internationale des Arts Décoratifs et Industriels Modernes" erstmals vorgestellt. Wie die meisten Stielgläser eignet es sich hervorragend für gekühlte Cocktails, da der Stiel verhindert, dass man den Drink mit der Hand anwärmt. Es setzte sich zunächst in Europa vor allem für Martinis durch, bevor es nach dem Zweiten Weltkrieg in aller Welt Einzug hielt.

MARGARITA-GLAS

Das moderne Margaritaglas ähnelt der traditionellen flachen Sektschale mit Stiel. Der Legende nach wurde diese Schale nach dem Vorbild der weiblichen Brust geformt. Die Form existiert seit 1663, sodass es wohl eher ein Gerücht sein dürfte, dass die Anatomie der französischen Königin Marie Antoinette dabei eine Rolle gespielt haben soll. Die Schale ist nach oben hin erweitert, um das Anbringen des Salzrands für Margaritas zu erleichtern. Das Glas wird auch für Daiquiris verwendet.

INHALT

Der

Barkeeper

Cocktails

Die Kunst des Mixens

Parragon

Bath · New York · Singapore · Hong Kong · Cologne · Delhi · Melbourne

SEKTFLÖTE

Die Herkunft der hohen, schmalen Flöte ist etwas unklar. Die Form soll durch die kleine Oberfläche die Kohlensäure länger im Sekt halten. Allerdings kam sie erst in den 1950ern in Mode, vermutlich, nachdem der österreichische Glashersteller Claus Josef Riedel die Auswirkung der Form auf den Geschmack zu erforschen begann. Seitdem haben die Flöten die Schalen für Champagner und Champagnercocktails weitgehend verdrängt – nicht zuletzt deshalb, weil auf ein Tablett mehr Flöten als Schalen passen.

LONGDRINK-GLAS

Longdrinkgläser oder Highballgläser sind hohe Bechergläser für einfache Drinks mit einem hohen Anteil an Mixers im Alkohol. Highballdrinks beinhalten eine ganze Reihe klassischer Getränke wie Bourbon und Wasser, Scotch und Soda, Bloody Mary und Wodka Tonic. Longdrinkgläser sind vielseitig genug, um als Alternative zum ähnlich geformten, aber größeren Collinsglas herzuhalten. Darüber hinaus sind sie mit dem größeren Zombie- und dem kleineren Delmonicoglas verwandt.

WHISKYGLAS

Das niedrige, kräftige Becherglas wird auch als Tumbler, Old-Fashioned-Glas oder Lowballglas bezeichnet. Es ist perfekt für Cocktails mit Eis geeignet, und alle Drinks „on the rocks" sollten in diesem Glas serviert werden. Whiskygläser werden auch gern für Shortdrinks wie den Old Fashioned verwendet. Eine Variante dieser Form ist das Sazerac-Glas, benannt nach dem berühmten New-Orleans-Cocktail aus Cognac und Bitter. Eine andere, große Version wird für tropische Punschs verwendet.

SCHNAPS-GLAS

Dieses Standardrequisit der Hausbar ist ein beliebtes Sammelobjekt des eifrigen Barbesuchers. Das gewöhnliche Schnapsglas fasst gerade genug Flüssigkeit, um in einem Schluck geleert werden zu können, und hat einen stabilen Boden, um ein hartes Aufsetzen zu überleben, nachdem man den puren Drink oder den Shooter „auf ex" getrunken hat. Es eignet sich auch gut als Ersatz für ein Barmaß. Die dekorativ bedruckten Exemplare haben sich längst zu beliebten Souvenirs entwickelt.

COGNAC-SCHWENKER

Bei anderen Stielgläsern soll die Hand des Gastes möglichst vom gekühlten Drink ferngehalten werden, beim Cognacschwenker lädt die bauchige Form aber dazu ein, ihn in der Handfläche zu wärmen. Die breite Basis sorgt für eine große Oberfläche, damit der Brandy verdunsten kann. Die nach oben hin schmalere Öffnung konzentriert das Aroma, sodass man es genussvoll riechen kann, bevor man trinkt. Der Schwenker sollte nie zu mehr als einem Drittel gefüllt werden.

SOUR-GLAS

Sours finden sich schon in Jerry Thomas' grundlegendem Rezeptbuch „How to Mix Drinks" von 1862, gehören also zu den ältesten Familien der Mixgetränke und wurden allein schon deshalb in den unterschiedlichsten Gläsern serviert. Stilbewusste Cocktailfreunde werden sich aber freuen, dass es eine Standardglasform für Sours gibt. Das bevorzugt für Whiskey Sours, Pisco Sours und andere Drinks mit Zitrussaft, Zucker und Spirituosen verwendete Glas ist eine kleinere, modifizierte Sektflöte.

HURRICANE-GLAS

Die meisten Gläser wurden für bestimmte Drinks entworfen und nach ihnen benannt. Das gilt nur bedingt für das Hurricaneglas. Es wurde zwar ursprünglich in der Bar *Pat O'Briens* in New Orleans eigens für den Cocktail Hurricane aus Passionsfrucht und Rum kreiert, ist aber eine Hommage an die Form der alten Petroleumlampe. Heute denkt man nur noch an geeiste Cocktails wie die Piña Colada, die ohne dieses Glas undenkbar wären, und die oftmals fantasievoll betitelten Drinks von der Sorte des Sex on the Beach.

POUSSE-CAFÉ-GLAS

Diese kleinen Gläser mit dünnem Stiel und ausgestelltem Rand haben eine modifizierte Stundenglasform, die das Schichten von Drinks erleichtert. Die Kunst eines bunt geschichteten Drinks besteht darin, den schwersten Likör oder Sirup zuerst ins Glas zu geben und nach und nach die leichteren Spirituosen. Die Ballonform der Basis hält die unteren Schichten in Form und erleichtert es, Flüssigkeiten an der Seite herablaufen zu lassen, ohne die unteren Schichten aufzumischen.

WEINGLAS

Weißweingläser sind meist kleiner als Rotweingläser, und es bleibt dem eigenen Urteilsvermögen überlassen, welches man für einen bestimmten Cocktail verwendet. Verlangt ein Rezept allerdings nach einem Kelch, sollte man zum Rotweinglas oder einem noch runderen Ballonglas greifen.

IRISH-COFFEE-GLAS

Die wichtigste Eigenschaft des Irish-Coffee-Glases ist seine Hitzebeständigkeit, die es für heiße Cocktails wie Grogs empfiehlt.

BECHER

Gelegentlich verlangt ein Rezept nach einem großen, robusten Trinkgefäß mit Henkel, das meist aus Silber, Zinn oder Glas besteht. Als Ersatz eignet sich auch ein ganz normaler Bierkrug. Ein Becher ist zwar nicht sonderlich elegant, aber hitzefest und manchmal genau das Richtige für einen heißen Cocktail.

DIE KUNST DER MIXOLOGIE

Das Geheimnis erfolgreicher Mixologie liegt in der Auswahl der Spirituosen, frisch gepressten Säften, frisch zerdrückten Kräutern und vor allem der gekonnten Anwendung der Tricks und Techniken des Barhandwerks.

Wie beim Kochen und in der Architektur ist auch beim Mixen manchmal weniger am Ende mehr. Geübte Barkeeper experimentieren zwar immer auch gern mit neuen und ungewöhnlichen Zutaten, aber es geht doch nichts über einen gut gemixten Klassiker. Es gibt rund ein halbes Dutzend Grundtechniken, und es empfiehlt sich, sowohl ihre Vor- und Nachteile zu kennen.

BAUEN, SCHICHTEN UND FLOATEN

Als „Bauen" bezeichnet man schlicht den Vorgang des Eingießens der Zutaten in ein mit Eis gefülltes Glas, in dem der Cocktail schließlich serviert wird. Hin und wieder wird auch noch kurz umgerührt.

Eine weitere wichtige Technik ist die Kunst des Schichtens, die Konzentration, Präzision und eine ruhige Hand verlangt. Bei geschichteten Shooters oder Pousse-Café-Drinks gibt man zuerst die schwerste Zutat ins Glas und lässt die zunehmend leichteren Ingredienzen folgen. Der wirkliche Trick liegt aber in der Technik.

Man berührt entweder die Oberfläche des Drinks leicht mit dem Barlöffel und lässt die Flüssigkeit langsam entweder über den Löffelrücken laufen, damit sie sich gleichmäßig auf der Fläche verteilt, oder über den gedrehten Stiel, den viele Profi-Barlöffel haben. Halten Sie die flache Laffe des Löffels dicht über die Oberfläche. Mit etwas Übung lassen sich beide Methoden meistern. Als Floaten bezeichnet man meist das Hinzufügen der obersten Schicht.

SHAKEN

Dies ist die spektakulärste Form der Cocktailzubereitung – so liebt James Bond seine Martinis, und sie verhalf Tom Cruise zu einem Karriereschub. Abgesehen einmal von der Show dient das Shaken aber vor allem dazu, den Drink zu kühlen und ihn auf das richtige Maß zu verdünnen.

Der Shaker sollte zunächst zu drei Vierteln mit Eiswürfeln gefüllt werden. Verwenden Sie niemals gestoßenes Eis, das schmilzt und den Drink verwässert. Dann werden die Zutaten über das Eis gegeben, der Shaker fest in beide Hände genommen und etwa zehn Sekunden kräftig geschüttelt.

Der Cocktail ist richtig gekühlt und servierfertig, wenn sich auf der Außenseite Kondensbeschlag bildet.

Der Drink wird durch ein Sieb ins Glas geseiht, sodass das Eis im Shaker bleibt. Das Shaken sorgt zwar für einen besseren Kontakt zwischen Eis und Drink und kühlt besser, aber es macht den Cocktail durch winzige Eissplitter, die mit durchs Sieb gelangen, auch trüber. Beim Shaken bilden sich zudem winzige Bläschen, die sich zum Beispiel in einem Margarita sehr attraktiv machen – bei Martinis gehen die Meinungen allerdings auseinander. Einige Kenner meinen, dass das Shaken den Gin bitter macht. Andere erwidern, dass das Shaken den Vermouth besser löst und weniger ölig macht. Leider konnten selbst wissenschaftliche Experimente den Streit um geschüttelte oder gerührte Martinis nicht schlichten – es bleibt also dem eigenen Geschmack überlassen.

RÜHREN

Das Rühren ist die Technik des Puristen. Durch den vorsichtigen Einsatz eines Glas- oder Metallstabs oder sogar eines langstieligen Barlöffels lässt sich ein Absplittern des Eises und damit ein Verwässern des Cocktails vermeiden. Auch hier hat gestoßenes Eis absolut nichts verloren. Die Drinks sollten sanft in einem Rührglas oder der unteren Hälfte eines Boston Shakers gerührt werden. Sobald sich Kondensbeschlag auf der Außenseite bildet, wird der Drink durch ein Sieb ins Glas gegossen. Da das Ziel hier ein starker Drink ist, bestehen manche erfahrene Barkeeper darauf, dass Drinks, die nur Spirituosen und Liköre und keine Fruchtsäfte enthalten, immer gerührt werden müssen.

CHILL THE „BURN"

Eis kühlt den Cocktail nicht nur, es mildert auch starke Spirituosen und verstärkt ihren Geschmack. Deshalb sollte man die Rezeptangaben genau beachten.

HAUCH VON GLAMOUR

Für den Salzrand feuchten Sie den Glasrand mit einer Limettenspalte an und tauchen ihn dann in einen Unterteller mit Salz.

STOSSEN

Bei dieser bei Barkeepern zunehmend beliebten Technik werden Früchte oder Kräuter mit einem Holzstößel zerdrückt, um ihr Aroma freizusetzen. Das Ende, mit dem gestoßen wird, ist etwas dicker und abgerundet, während das dünnere Ende zum Rühren dient. Beim Stoßen wird die Zutat mit einer Drehbewegung direkt im Glas zerdrückt. Manchmal fügt man ein wenig Flüssigkeit hinzu, um die Arbeit zu erleichtern, aber der größte Teil kommt für gewöhnlich erst später hinzu. Mit dieser Technik werden unter anderem Caipirinhas (Limette und Zucker), Mojitos (Minzblätter, Zucker und Sodawasser) und Old Fashioneds (Bitter und Zuckersirup) zubereitet.

MIXEN

Elektromixer vermengen Zutaten, die sich sonst nicht so leicht mischen, kommen also immer dann zum Einsatz, wenn Alkohol mit Früchten und Fruchtsaft oder mit sahnigen Zutaten vermischt werden soll. Beliebte Beispiele sind Strawberry Daiquiri und Piña Colada. Bei der Verwendung eines Mixers gelten die üblichen Regeln in Bezug auf das Eis nicht, es ist also völlig in Ordnung, gestoßenes Eis zu verwenden, das auch für sogenannte Frozen Cocktails, wie Frozen Margaritas, zum Einsatz kommt. Der Cocktail sollte glatt gemixt werden, aber man darf es auch nicht übertreiben. Ebenso sollte man sparsam mit dem gestoßenen Eis umgehen, um den Cocktail nicht zu verwässern.

EIS

Gutes Eis macht gute Cocktails. Verwenden Sie deshalb gefiltertes oder stilles Mineralwasser mit niedrigem Mineraliengehalt. Leitungswasser enthält Schwebstoffe, die zwar harmlos sind, aber den Geschmack verändern und das Eis trüben.

Füllen Sie das Glas für einen sehr kalten Drink mit großen statt mit kleinen Eisstücken. Denken Sie aber daran, dass das schmelzende Eis den Drink verdünnt. Er muss also getrunken werden, bevor er verwässert.

Wenn ein Rezept nach gestoßenem Eis verlangt, können Sie es fertig kaufen oder selbst zerkleinern, indem Sie Eiswürfel in einen Gefrierbeutel geben, mit einem Handtuch abdecken und die Würfel mit einer Teigrolle zerschlagen.

Normalerweise sind Eiswürfel trüb. Das liegt einerseits an den Schwebstoffen, andererseits an winzigen Rissen, die beim Gefrieren entstehen. Für die attraktiveren klaren Würfel verwendet man gefiltertes Wasser oder stilles Mineralwasser. Kochen Sie das Wasser, um gelöste Gase zu entfernen, und füllen Sie es abgekühlt in ein Eistablett. Sobald sich eine Eisschicht bildet, durchstechen Sie sie. Dadurch kann sich das Wasser ausdehnen und trübt nicht ein.

Wenn Sie sich all die Mühe gemacht haben, ruinieren Sie Ihr gutes Eis nicht, indem Sie es unter laufendem Wasser antauen. Biegen Sie entweder das Tablett leicht, oder lassen Sie das Wasser über die Unterseite laufen. Fassen Sie das Eis nie direkt an, sondern verwenden Sie immer eine Eiszange.

PERFEKTE ERGEBNISSE

Für perfekte Drinks kühlen Sie Ihre Gläser im Kühlschrank vor, oder stellen Sie sie bis zu eine Stunde vor Gebrauch ins Gefrierfach.

COCKTAILWISSEN AUF EINEN BLICK

❖ WICHTIGES ÜBER ZUTATEN UND DRINKS ❖

Gute Barkeeper sind Guru und Genie in einer Person. Wenn es um die Zutaten geht, müssen Sie eine Quelle der Allwissenheit sein und wie ein Alchimist die Kunst beherrschen, die Grundelemente in Gold zu verwandeln. Um diesem Anspruch gerecht zu werden, sollte ein Barkeeper die große Vielfalt der Cocktailzutaten sowie die Aromen und Stärken jeder einzelnen kennen, wissen, was passiert, wenn man sie miteinander mischt, und auf Alternativen zurückgreifen können, wenn einmal eine der Zutaten nicht zur Hand ist.

Die in diesem Kapitel aufgeführten Getränke sind nach ihrer Hauptzutat oder ihrem beherrschenden Aroma sortiert. Sie erfahren hier alles über Destillate aus Getreide, Zucker oder Agave als auch über Getränke mit Kräutern, Gewürzen und Aromen, auf Obstbasis oder aus Reis, Bohnen und Blättern. Zum Job des Barkeepers gehört auch, interessante Hintergrundinformationen und amüsante Anekdoten zu einem Drink liefern zu können, wie Sie sie auf den folgenden Seiten finden.

DESTILLATE AUS GETREIDE

SCOTCH WHISKY

In den sechs Whisky produzierenden Regionen Schottlands gibt es mehr als hundert Brennereien. Whisky wird hier schon mindestens seit dem 15. Jahrhundert gebrannt, wobei die Ursprünge noch einige Jahrhunderte weiter in der Vergangenheit liegen dürften.

Scotch besteht aus fermentiertem Getreide, das destilliert und gelagert wird. Die Grundzutaten sind Quellwasser, Gerstenmalz und Hefe, aber der individuelle Geschmack stammt vom verwendeten Wasser und weiteren Zutaten, dem Aufbau der Destillen, der Art der Fässer für die Lagerung und so weiter. So wird die gekeimte Gerste manchmal über offenem Torffeuer getrocknet, was dem Malz einen rauchigen Torfgeschmack verleiht.

Prinzipiell gibt es zwei Arten von Scotch Whisky: Malt Whisky und Grain Whisky. Malt Whisky wird ausschließlich aus Gerstenmalz hergestellt und in einer Brennblase destilliert. Grain Whisky wird aus gemälzter und ungemälzter Gerste und anderem Getreide, meist Weizen, gewonnen und in einer Patent-Destille gebrannt. Malt Whisky von einer einzigen Brennerei wird in kleinen Quantitäten als Single Malt abgefüllt oder mit Grain Spirit (Alkohol aus Getreide) verschnitten. Schottischer Grain Whisky fließt zum größten Teil in Verschnitte (Blended Scotch), aber es gibt auch Single Grains.

Vereinfacht gesagt, sind Single Malts meist teurer als Blended Whiskys, was aber nicht unbedingt etwas mit der Qualität zu tun hat. So mancher bevorzugt

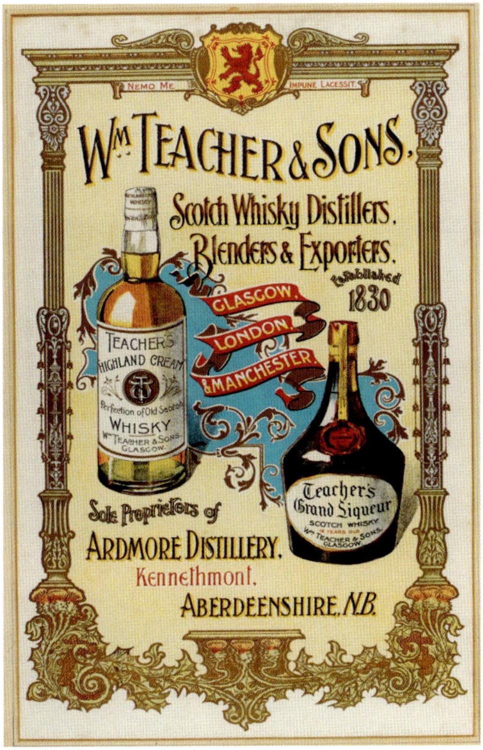

Werbeanzeige für Teacher's Scotch Whisky und Grand Liqueur im Industriekatalog Scotland's Industrial Souvenir *von 1901.*

die Komplexität und den Charakter eines Verschnitts, und auch das Verschneiden an sich ist eine Kunst. So kann ein Blended Scotch durchaus aus mehr als 50 Malt und Grain Whiskys aus einer ganzen Reihe von Destillerien stammen. Eine gekonnte Mischung erhöht die Qualität des Whiskys. Das Alter des jüngsten Bestandteils des Whiskys bestimmt dessen Alter.

Scotch Whisky, ohne „e" geschrieben, muss in Schottland hergestellt sein, ist meist – aber nicht immer – doppelt gebrannt und reift mindestens drei Jahre. Whiskey aus anderen Regionen der Welt wird mit einem „e" geschrieben.

Es ist schwer, einen verbindlichen Alkoholgehalt für Whisk(e)y anzugeben, aber in der Regel liegt er bei rund 40 Vol.-%. Hochwertige Whiskys trinkt man entweder pur oder mit Eis oder Wasser, wobei Puristen meinen, Wasser verderbe den Geschmack. Wenn man Scotch schon verdünnen müsse, solle man es wenigstens mit stillem schottischem Mineralwasser tun, am besten dem gleichen, mit dem der Whisky hergestellt wurde – was sich allerdings schwierig gestalten kann. Whiskys werden gern auch mit Sodawasser, Ginger Ale oder Zitronenlimonade gemischt und finden in vielen Cocktails Verwendung.

SCOTCH-WHISKY-MARKEN

- ❖ **Glenfiddich** ist ein Single Malt Scotch aus der Region Speyside. Er wird mit 12, 15, 18, 21, 30, 40 und 50 Jahren auf Flaschen gezogen.
- ❖ **Glenlivet** ist ein Single Malt, der auch in Speyside gebrannt wird. Er ist meist zwölf Jahre in Eichenfässern gereift, was ihm ein Vanillearoma verleiht.
- ❖ **Glenmorangie** ist ein Single Malt aus den Highlands. Das Wasser der meisten schottischen Destillerien ist weich, aber das Wasser für den Glenmorangie steigt durch Kalkstein auf, ist dadurch hart und trägt zu seinem besonderen Geschmack bei. Neben den üblichen Jahrgangseditionen gibt es auch Whiskys mit Sherry Finish aus alten Sherry-Fässern, Madeira Finish, Burgundy Finish usw.
- ❖ **Highland Park** ist ein Single Malt aus der nördlichsten Destillerie Schottlands in Kirkwall auf den Orkney-Inseln. Der Betrieb mälzt immer noch seine eigene Gerste mit Orkney-Torf, der dem Whisky sein Heidearoma verleiht. Der Whisky wird meist zwölfjährig abgefüllt.
- ❖ **Lagavulin** ist ein Single Malt von der Insel Islay, die zu den Inneren Hebriden zählt. Er wird 16-jährig abgefüllt, hat einen Alkoholgehalt von 40 Vol.-% und ein rauchiges Torfaroma.
- ❖ **Laphroaig** ist ein Single Malt aus einer 200-jährigen Destillerie auf der Insel Islay und wird in 10-, 15-, 30- und sogar 40-jährigen Editionen abgefüllt.
- ❖ **Talisker** ist ein Single Malt, der auf der Innere Hebriden-Insel Skye mit Wasser aus 14 unterirdischen Quellen gebrannt wird. Der zehnjährige Whisky hat einen Alkoholgehalt von 45,8 Vol.-%.
- ❖ **The Macallan** ist ein Single Malt aus den Highlands. Das Unternehmen bietet eine große Vielfalt an Whiskys unterschiedlichen Alters, einschließlich eines Macallan 1861 Replica, der einen sehr guten Eindruck davon vermittelt, wie ein Malt im Stil des 19. Jahrhunderts geschmeckt haben könnte.

Beliebte Blended Scotchs sind unter anderem Bell's, Chivas Regal, Johnnie Walker, Teacher's Highland Cream und The Famous Grouse.

IRISH WHISKEY

Irish Whiskey ähnelt in vielerlei Hinsicht dem Scotch, aber es gibt deutliche geschmackliche Unterschiede. So wird die Gerste in Irland selten über Torffeuer gemälzt, sodass den Irish Whiskeys die Rauchigkeit der Scotch Whiskys fehlt.

Der Herstellungsprozess ist beim Irish Whiskey weitgehend der gleiche wie beim Scotch, aber der irische Whiskey enthält in der Regel Gerstenmalz und einer größere Vielfalt an Getreide und wird meist dreifach in Brennblasen gebrannt. Wie Scotch muss er mindestens drei Jahre reifen.

IRISH-WHISKEY-MARKEN

- **Bushmills** ist ein bekannter Irish Whiskey. Es gibt einen 10-jährigen und einen 16-jährigen Malt sowie den Verschnitt Black Bush.
- **Jameson** ist eine weitere bekannte irische Marke. Er wird zu je 50 Prozent aus Grain Whiskey und Malt Whiskey verschnitten. 90 Prozent der Mischung reifen in Bourbon-Fässern, die für Weichheit sorgen, zehn Prozent in Sherry-Fässern, die Fülle verleihen.

BOURBON

Bourbon Whiskey muss in den USA aus einer Maische mit einem mindestens 51-prozentigen Maisgehalt gebrannt und mindestens zwei Jahre in neuen, ausgebrannten Fässern gereift werden. Er wird nach dem Sour-Mash-Verfahren gebrannt, das heißt, der frischen Maische wird ein Teil der Destillationsrückstände früherer Brände beigemischt. Der Name Bourbon leitet sich von Bourbon County in Kentucky ab, aber der Whiskey darf überall in den Staaten hergestellt werden.

Bekannte Bourbon-Marken sind unter anderem Jim Beam mit 40 Vol.-% Alkohol, Maker's Mark mit

45 bzw. 50,5 Vol.-% Alkohol auf bestimmten Exportmärkten und Wild Turkey mit einem Alkoholgehalt von 50,5 Vol.-%.

RYE WHISKEY

Der vorwiegend in Nordamerika hergestellte Rye Whiskey wird prinzipiell genauso gebrannt wie Scotch und Irish Whiskey. In den USA muss Rye allerdings aus einer Maische mit einem Roggenanteil von mindestens 51 Prozent gebrannt werden und in neuen ausgebrannten Fässern gereifen. Für kanadischen Rye genügt es, dass er in Kanada hergestellt wird. Rye Whiskey ist in der Regel nicht so süß wie Bourbon und besitzt dank des Roggens eine pfeffrige Note.

TENNESSEE WHISKEY

Wie Bourbon wird auch Tennessee Whiskey nach dem Sour-Mash-Verfahren gebrannt, im Gegensatz zu diesem aber vor dem Reifen durch Ahornholzkohle gefiltert. Für die Herstellung gibt es keine exakten Regeln.

Jack Daniel's, die bekannteste Marke, wird in charakteristischen rechteckigen Flaschen mit schwarzem Etikett verkauft und hat 40 Vol.-% Alkohol. Er wird pur, auf Eis, in Mixgetränken (vor allem mit Cola) und als Cocktailzutat getrunken. Jack Daniel's hat eine treue Fangemeinde. Der Legende zufolge wurde Frank Sinatra mit einer Flasche seines Lieblingswhiskeys beerdigt.

WHISK(E)Y-LIKÖRE

- ❖ **Baileys Irish Cream** ist ein irischer Whiskeylikör mit Sahne, Schokoladenaroma und 15 Vol.-% Alkohol. Er war der erste Sahnelikör. Es gibt auch Versionen mit einem Hauch von Minze oder einer feinen Karamellnote.
- ❖ **Drambuie** ist ein schottischer Whiskylikör mit Heide-, Honig- und Kräuteraromen.
- ❖ **Glayva**, ebenfalls aus Schottland, hat ähnliche Aromen, ist aber zusätzlich mit Zitrusfrüchten aromatisiert.
- ❖ **Irish Mist** ist ein weiterer Whiskeylikör. Er ist mit Kräutern und Heidehonig aromatisiert.
- ❖ **Sheridan's** ist ebenfalls ein irischer Likör auf Whiskeybasis. Die Flasche hat zwei Abteilungen, eine für einen dunklen Kaffeelikör mit Whiskey, die andere für einen weißen Sahnelikör. Zum Servieren

gießt man zuerst den dunklen Likör ins Glas und floatet den hellen darüber.

- **Southern Comfort** ist ein amerikanischer Whiskeylikör, der unter anderem mit Auszügen von Pfirsich, Orange, Vanille und Zimt aromatisiert und in verschiedenen Stärken erhältlich ist. Er kann mit Sodawasser oder Cola gemixt werden und findet in verschiedenen Cocktails Verwendung.

HAUSBRÄNDE

Irischen Hausbrand nennt man Poteen, andere Schreibweisen sind Poitin oder Potcheen. Er wird meist aus Getreide oder Kartoffeln destilliert und hat angeblich den höchsten Alkoholgehalt. Der oftmals recht raue Poteen war in Irland 200 Jahre lang verboten, bevor er Ende der 1990er-Jahre legalisiert wurde, auch wenn die kommerziellen Versionen meist weniger Alkohol enthalten als die Hinterhofbrände. Private Destillen sind in den meisten irischen Grafschaften verboten – teils, weil die Regierung mit der Steuer auf legal gebrannten Alkohol viel Geld verdient, teils wegen der Gefahren für die Gesundheit.

WODKA

Der weltweit beliebte Wodka hat seine Wurzeln in Russland (die Russen glauben, sie hätten ihn erfunden, was aber fraglich ist), Mittel- und Osteuropa (auch die Polen wollen ihn erfunden haben) und in Skandinavien. Der klare Alkohol wurde früher zu medizinischen Zwecken verwendet.

Wodka lässt sich aus so ziemlich jedem Pflanzenmaterial destillieren, das zuckerhaltig ist und fermentiert werden kann, wie etwa Kartoffeln, Zuckerrüben und Sojabohnen. Heute wird Wodka überwiegend aus Getreide wie Weizen, Roggen oder Mais gebrannt und durch Holzkohle gefiltert. Er besitzt zwischen 35 und 50 Vol.-% Alkohol. Wodka wird zwar nicht gereift, aber häufig aromatisiert und manchmal mit Früchten, wie Zitrone oder Cranberrys, oder Gewürzen, wie Pfeffer, gefärbt.

Wodka hat den großen Vorteil, dass man ihn nicht im Atem riechen kann, und ist deshalb eine wichtige Zutat vieler Cocktailklassiker.

WODKA-MARKEN

- **42 Below** ist ein Wodka aus Neuseeland mit 42 Vol.-% Alkohol, der auch mit Kiwi, Passionsfrucht, Manuka-Honig oder Ananas/Guave aromatisiert erhältlich ist.
- **Absolut Vodka** ist eine berühmte schwedische Wodkamarke, die im südschwedischen Åhus aus Weizen gebrannt und durch Holzkohle gefiltert wird. Absolute Blue hat einen Alkoholgehalt von 40 Vol.-%. Es gibt verschiedene Geschmacksrichtungen, wie Citron (Zitrone), Kurant (Schwarze Johannisbeere) und Peppar (Jalapeños und grüne Tomaten).
- **Finlandia** ist ein in Finnland hergestellter Wodka mit 40 Vol.-% Alkohol, der in verschiedenen Geschmacksrichtungen wie Cranberry und Mango erhältlich ist.
- **Grasovka** ist eine polnische Wodkamarke. Sie wird auch unter dem Namen Subrówka vertrieben und ist mit Büffelgras (angeblich ein Aphrodisiakum) aromatisiert, das ihm eine gelbliche Farbe verleiht. Jede Flasche enthält einen Büffelgrashalm. Wie andere Wodkas wird auch Grasovka meist gekühlt

serviert, wobei die Polen ihn gern auch mit Apfelsaft oder Red Bull für den doppelten Kick mischen.

- ❖ **Grey Goose** Die Franzosen gelten nicht gerade als typische Wodkabrenner, aber diese Marke stammt tatsächlich aus der Cognac-Region.
- ❖ **Reyka** ist ein isländischer Wodka, der in einer mit geothermischer Energie betriebenen Brennerei durch Lavagestein gefiltert wird.
- ❖ **Smirnoff** ist ein russischer Wodka, der angeblich als Erster durch Holzkohle gefiltert worden sein soll. Es gibt verschiedene Sorten, einschließlich des Alkopops Smirnoff Ice mit Zitrusgeschmack.
- ❖ **Stolichnaya** ist ein russischer Wodka aus Winterweizen und sibirischem Gletscherwasser, der in verschiedenen Geschmacksrichtungen wie Erdbeere und Himbeere verkauft wird. Die Sorte Red Label hat einen Alkoholgehalt von 40 Vol.-%.
- ❖ **Wyborowa** wird im polnischen Poznan aus heimischem Roggen und Wasser aus einer uralten Quelle vor Ort gebrannt.

GIN

Gin wird aus Getreide, Kartoffeln oder Rüben gebrannt, mit Wacholder und anderen Kräutern aromatisiert und erneut destilliert. Er entstand im 17. Jahrhundert als Genever in den Niederlanden, wurde aber bald auch in England sehr populär und war im 18. Jahrhundert so billig, dass er häufiger als Bier getrunken wurde, auch wenn er meist mit Terpentin aromatisiert war. In der Folge machte man den Gin für zahlreiche Übel und die hohe Sterberate in London verantwortlich – daher der Spitzname „Mother's Ruin" (Mutters Verderben). 1736 und 1751 erließ die britische Regierung Gesetze, um den Ginverkauf zu besteuern und den Konsum einzuschränken.

Mit Beginn des 20. Jahrhunderts hatte der Gin sein proletarisches Image endgültig abgelegt und gilt heute als edle Spirituose. Er wird am häufigsten mit Eis und einer Zitronenscheibe getrunken und bildet die Basis zahlreicher klassischer Cocktails wie Gin Tonic und Martini.

GINSORTEN UND -MARKEN

- **Hendrick's** ist eine schottische Ginmarke. Sie hat ebenfalls 40 Vol.-% Alkohol, wird aber überraschenderweise mit Gurke aromatisiert. Der Hersteller empfiehlt, ihn mit einer Gurkenscheibe statt mit Zitrone oder Limette zu servieren.
- **London Dry Gin** wurde einst in London und Umgebung gebrannt, ist aber heute nur noch ein trockener Gin mit einem Alkoholgehalt von rund 40 Vol.-%. Bekannte Marken sind Beefeater, Bombay Sapphire, Gilbey's, Gordon's und Tanqueray.
- **Old Tom** ist ein gesüßter amerikanischer Gin, der hauptsächlich als Cocktailzutat dient.
- **Plymouth Gin** wird in Plymouth im englischen Devon gebrannt. Die Standardversion hat 41 Vol.-%, die Navy-Strength-Version 57 Vol.-% Alkohol.
- **Sloe Gin** ist ein mit Schlehen aufgesetzter gesüßter Gin.

Sloe Gin ist leicht selbst herzustellen. Ernten Sie im Oktober oder November Schlehen, wenn sie reif sind – am besten nach dem ersten Frost. Leeren Sie eine Literflasche Gin zur Hälfte. Geben Sie die halbierten oder angestochenen Schlehen in die halb leere Flasche, bis der verbliebene Gin wieder fast bis zum Hals reicht. Geben Sie ca. 150 g Zucker hinzu. Schütteln Sie die Flasche eine Woche lang täglich, dann einen oder zwei Monate lang wöchentlich. Am besten gelingt er, wenn Sie ihn bis zum nächsten Winter stehen lassen.

SCHNAPS

Schnaps ist ein etwas ungenauer Sammelbegriff für Spirituosen, die aus fermentiertem Getreide oder Früchten wie Apfel, Birne oder Pflaume gebrannt, aber nicht gesüßt sind. Dies ist auch der entscheidende Unterschied zwischen einem Schnaps und einem Likör. Das skandinavische Äquivalent ist der meist aus Getreide oder Kartoffeln gebrannte und manchmal aromatisierte, aber niemals gesüßte Aquavit. Der aus der Schweiz stammende Goldschläger ist mit Zimt aromatisiert und enthält Blattgoldflocken.

Schnaps wird prinzipiell pur, kalt und aus kleinen Schnapsgläsern zu und nach Mahlzeiten getrunken, manchmal begleitet von einem kernigen Trinkspruch. Die in der Regel klaren und im Geschmack dem Wodka vergleichbaren Schnäpse haben einen Alkoholgehalt von rund 40 Vol.-% oder, im Fall fruchtiger Brände, etwas weniger.

In den USA wird in einigen Regionen das Wort „Schnapps" als Slangausdruck für einen Likör verwendet, was vermutlich auf Deutsch oder Jiddisch sprechende Einwanderer zurückgeht.

AQUAVIT

Aquavit (auch „Akvavit" geschrieben) ist ein klarer oder blassgelber skandinavischer Brand aus Getreide oder Kartoffeln, der mit Kardamom, Kreuzkümmel, Fenchel und vor allem Kümmel aromatisiert wird. Er wird pur und gekühlt getrunken, gern zu einer Vorspeise mit eingelegtem oder geräuchertem Fisch, und hat einen Alkoholgehalt von rund 40 Vol.-%. Der Name leitet sich vom lateinischen *Aqua vitae* (Lebenswasser) her.

In Aalborg auf Jütland, der unbestrittenen Hauptstadt der dänischen Aquavitindustrie, werden rund 15 Sorten Aquavit hergestellt.

GETRÄNKE/DESTILLATE AUS TRAUBEN

WEIN

Wein ist eines der meistgetrunkenen Getränke der Welt und in seiner einfachsten Form schlicht vergorener Traubensaft. Er kam etwa 5000 v. Chr. aus dem Mittleren Osten nach Europa. Ein echter Weinkenner zu werden kann Jahre dauern, und auch die moderne Weinherstellung ist ein hoch entwickelter Prozess.

Prinzipiell lässt man die zerdrückten (Most) oder gepressten (Saft) Trauben einige Wochen lang gären. Besitzen sie nicht genug eigene Hefe für die Gärung, wird Zuchthefe zugesetzt. Ein Großteil des natürlichen Zuckers wird schon bei der Gärung in Alkohol (Ethanol) umgewandelt, der Rest innerhalb eines Zeitraums von drei bis sechs Monaten. Einige Weine werden anschließend auf Flaschen gezogen, andere reifen in Holzfässern weiter.

Rotwein wird aus roten oder blauen Trauben gewonnen – seine Farbe erhält er durch die Schalen, die mitgären. Weißwein kann aus Trauben jeglicher Farbe gewonnen werden, solange man nur den Saft ohne die Schalen gären lässt. Rosé entsteht, indem die dunklen Schalen nach der Hälfte des Gärvorgangs entfernt werden, oder durch das Verschneiden von Rot- und Weißwein.

Abhängig vom Restzuckergehalt nach der Gärung lassen sich Weine mit einer Skala von trocken bis lieblich beschreiben. Selbst wenn eine Traubensorte vorherrschen sollte, sind die meisten Weine Mischungen aus zwei oder mehr Sorten. Jahrgangsweine werden aus Trauben eines einzigen Jahrgangs gewonnen und mit einer Jahreszahl versehen. Tafelweine haben in der Regel einen Alkoholgehalt zwischen 10 und 14 Vol.-%.

Der Geschmack eines Weins hängt von zahlreichen Faktoren ab wie der Rebsorte, dem Boden oder Terroir, auf dem die Rebe wächst, dem Wetter während der Wachstumsperiode, den verwendeten Trauben, dem Gärprozess, dem Behälter, in dem der Wein vor der Abfüllung reift, und seiner Lagerung bis hin zum Öffnen der Flasche.

Das klassische Herkunftsland ist Frankreich: Hier entstehen die edlen Tropfen unter einem strengen Appellationssystem. Ein Vin de Table muss französisch sein und der Vin de Pays aus einer bestimmten Region Frankreichs stammen. Die „Appellation d'Origine Contrôlée" gilt für Wein, der nach strengen Regeln in einer bestimmten Region hergestellt wird.

Wichtige europäische Weinproduzenten sind Italien, Spanien, Portugal und Deutschland. Mittlerweile sind auch die sogenannten Neuweltweine aus den USA, Australien, Neuseeland, Südafrika, Argentinien und Chile überall anerkannt und beliebt.

„Altweltweine" aus Europa werden meist nach ihrer Herkunftsregion und der bestimmenden Traubensorte benannt. Neuweltweine werden nach der vorherrschenden Traubensorte benannt, wobei sich das mittlerweile angesichts der zunehmenden Bedeutung des Anbaugebiets zu verändern beginnt.

In der Regel wird Weißwein leicht gekühlt und Rotwein bei niedriger Zimmertemperatur serviert, aber es gibt auch Ausnahmen.

WEINE AUS ALLER WELT

❖ **Französischer Wein** gilt – vor allem in Frankreich – häufig als der beste Wein der Welt, droht aber diesen Status angesichts des zunehmenden Erfolgs der Neuweltweine aus Australien, den USA und Südamerika zu verlieren. Bis auf Weiteres sind die besten französischen Weine aber immer noch der Maßstab, an dem sich alle anderen messen lassen müssen, und die französischen Weinregionen genießen nach wie vor einen hervorragenden Ruf.

So ist das Weinbaugebiet von Bordeaux in Südwestfrankreich berühmt für edle Rotweine wie Graves, Médoc, Pomerol und Saint-Emillion sowie den Dessertwein Sauternes. Eine weitere berühmte Weinbauregion ist die Bourgogne (Burgund). Sie liegt südlich von Paris und umfasst das Chablis, aus dem vorwiegend Weißweine auf Chardonnay-Basis kommen, und das für seine Rotweine aus Gamay-Trauben bekannte Beaujolais. Der Beaujolais Nouveau ist die erste Abfüllung der Beaujolais-Lese, die jedes Jahr am dritten Donnerstag im November um Mitternacht der Öffentlichkeit vorgestellt wird. Die Regionen Côte de Nuits und Côte de Beaune liefern einige der besten Rotweine der Welt auf Basis der Pinot-Noir-Traube.

❖ **Italienischer Wein** wird im gesamten Land hergestellt, da praktisch überall Trauben wachsen. Italien hat daher viele Weine zu bieten, darunter die roten Chianti, Barolo und Valpolicella sowie den weißen Soave. In mehreren Regionen entstehen auch Weißweine auf Basis der Pinot-Grigio-Traube, die sich international zunehmender Beliebtheit erfreuen. Prosecco ist ein natürlich vergorener Schaumwein aus dem Veneto, der seinen Namen der Prosecco-Traube verdankt, Asti – ebenfalls natürlich vergoren – ein süßer Schaumwein aus dem Piemont, der gern zum Dessert getrunken wird. Das italienische Appellationssystem kennt vier Kategorien, deren höchste „Denominazione di Origine Controllata" und „Denominazione di Origine Controllata e Garantita" lauten.

❖ **Amerikanischer Wein** stammt hauptsächlich aus Kalifornien. Beispiele sind die Cabernet Sauvignons aus dem Napa Valley und Sonoma sowie der Pinot Noir aus dem Santa Ynez Valley, das durch den Film *Sideways* berühmt wurde. Staaten wie Oregon und Washington gewinnen zunehmend an Bedeutung.

❖ **Spanischer Wein** wird in 50 anerkannten Weinbauregionen hergestellt. So kommen hochwertige Rotweine aus Rioja und Ribera del Duero, Weißweine aus Rueda und Rot- und Weißweine aus Penedes. Spanischer Schaumwein wird Cava genannt, und außerdem produziert das Land den berühmten mit Alkohol angereicherten Sherry. Die Weinproduktion wird durch das Appellationssystem „Denominación de Origen" geregelt.

❖ **Portugiesischer Wein** schließt einige gute Tafelweine ein, vor allem Rotweine aus Douro im Norden, die nach dem Appellationssystem „Denominação de Origem Controlada" klassifiziert sind. Am bekanntesten sind allerdings die aufgespriteten Weine Port und Madeira.

- **Deutscher Wein** und die deutsche Weinindustrie hatten ihre Blütezeit im 19. Jahrhundert und mussten zwischendurch ein Formtief verkraften. Die Situation hat sich mittlerweile deutlich gebessert, und es werden heute hochwertige, innovative Weine, oftmals auf Basis der Rieslingtraube, produziert. Ein eher ungewöhnliches Resultat ist der Eiswein, ein süßer Wein aus Trauben, die nach den ersten Frösten gelesen werden.
- **Englischer Wein** hat eine lange Tradition. Schon die Römer pflanzten Rebstöcke in England, und auch wenn die englische Weinindustrie nur aus rund 400 kleinen Keltereien mit einer entsprechend geringen Produktion von vorwiegend Weißweinen besteht, hat sich die Qualität über die letzten Jahrzehnte deutlich verbessert, und die Weine genießen vor allem in Großbritannien selbst einen hervorragenden Ruf. Dabei muss man englischen Wein vom sogenannten British Wine unterscheiden, der meist aus aufgespriteten importierten Konzentraten hergestellt wird und entsprechend billig und minderwertig ist.

Die Flaschen einiger spanischer Weine, vor allem Riojas, sind in ein dünnes Drahtnetz gehüllt. Das sollte während des Krieges verhindern, dass der Inhalt der Flaschen gegen minderwertigen Wein ausgetauscht werden konnte. Heute dient das Drahtnetz der optischen Aufwertung.

- **Australischer Wein** ist in den letzten 20 Jahren zu einem Exportschlager geworden, aber das Land produziert bereits seit über 200 Jahren Wein und hat vor allem im Südosten mehrere erstklassige Anbaugebiete, wie das Barossa und das Hunter Valley oder auch Coonawarra. Der Ruf der australischen Neuweltweine gründet sich hauptsächlich auf die großen, körperreichen Rotweine wie Cabernet Sauvignon und Shiraz (in Europa Syrah genannt), aber mittlerweile findet man in Australien die meisten der großen Rebsorten, und es werden nahezu alle Weinstile produziert.
- **Neuseeländischer Wein** hat vor allem einen großen Namen zu bieten: den beliebten starken Cloudy Bay Sauvignon Blanc. Das Land produziert aber auch gute Chardonnays und Rieslinge sowie dank des kühlen maritimen Klimas einige hervorragende rote Pinot Noirs.
- **Argentinischer Wein** ist, sofern hochwertig, größtenteils Exportware, während die schlichteren Tropfen auf dem heimischen Markt bleiben. Für einige der starken Rotweine ist die einheimische Traubensorte Malbec verantwortlich, während Weißweine gern aus der ebenfalls landstypischen Torrontes gekeltert werden.
- **Chilenischer Wein** ist ein bedeutendes Exportgut. Einige der besten Weine des Landes werden aus der roten Traubensorte Carmenère hergestellt.
- **Südafrikanischer Wein** ist traditionell weiß und wird aus der Chenin Blanc gekeltert, wobei die südafrikanische Weinindustrie auch zunehmend hochwertige Rotweine herstellt. Es gibt mehrere Weinregionen, von denen die bekannteste wahrscheinlich Stellenbosch ist.

CHAMPAGNER

Als weltweit berühmteste Weinbauregion Frankreichs hat sich die Champagne auf einen Schaumwein spezialisiert, der eine zweite Gärung in der Flasche durchläuft. Das Resultat sind die berühmten Kohlensäureperlen.

Die Champagnerflasche sollte beim Öffnen leise ploppen, nicht etwa laut knallen. Heute serviert man Champagner in Flöten: feinen, hohen und schmalen Gläsern, die Perlen und Aroma bestens erhalten.

Lassen Sie den Champagner über die Wand ins leicht geneigte Glas laufen, und füllen Sie die Flöte zu nicht mehr als drei Vierteln.

Zu den bekanntesten Champagnermarken zählen Bollinger und Louis Roederer, Hersteller des besonders bei Prominenten beliebten Edel-Jahrgangschampagners Cristal. Daneben gibt es noch Moët & Chandon, die unter anderem den nur in ausgesuchten Jahrgängen erhältlichen Luxuschampagner Dom Perignon produzieren, Pol Roger, Taittinger, Veuve Cliquot und Gosset.

Schaumwein wird auch in anderen Ländern als Frankreich hergestellt, darf sich aber nicht Champagner nennen, da der Name als Herkunftsbezeichnung geschützt ist. In Spanien heißt das Äquivalent Cava, in Italien Asti, in Deutschland und Österreich Sekt und in Frankreich außerhalb der Champagne Crémant. Die meisten Schaumweine sind weiß, aber es gibt durchaus auch Versionen in Rot und Rosé. Bei preiswerteren Schaumweinen stammt das Kohlendioxid oft nicht aus der Flaschengärung, sondern wird künstlich zugesetzt.

SHERRY

Damit sich ein aufgespriteter, also mit Alkohol verstärkter, spanischer Wein Sherry nennen darf, muss er innerhalb des Dreiecks zwischen den andalusischen Städten El Puerto de Santa Maria, Sanlúcar de Barrameda und Jerez de la Frontera hergestellt sein – „Sherry" ist eine englische Verballhornung des Namens Jerez. Die Sherry-Herstellung hat eine lange Tradition. Durch den zugesetzten Alkohol lässt sich Sherry besser transportieren als normaler Wein, und so wurde er schon im 12. Jahrhundert nach England exportiert. Eine Folge ist, dass viele der Herstellerbetriebe, die Bodegas, im späten 17. und frühen 18. Jahrhundert von britischen Handelshäusern gegründet wurden.

Bei der Herstellung wird Wein mit Brandy aufgespritet. Für den hellen Typ Fino lässt man auf der Oberfläche eine aromagebende Schicht aus Florhefe wachsen. Manzanilla ist ein leichter Fino, der exklusiv in Sanlucar de Barrameda hergestellt wird.

Amontillado entsteht auf die gleiche Weise, nur dass der Wein nach dem Absterben der Flor-Hefe der Luft ausgesetzt und durch Oxidation etwas dunkler wird. Oloroso oxidiert noch länger und wird dadurch noch dunkler. Bei Medium Sherry handelt es sich meist um einen gesüßten Amontillado, während Sweet Sherry

ein gesüßter Oloroso ist. Palo Cortado ist ein seltener, trockener Sherry-Stil, der zwischen Amontillado und Oloroso liegt und entsteht, wenn die Hefe sich nicht voll entwickelt. Cream und Pale Cream Sherrys sind in der Regel Verschnitte aus einem oder mehreren dieser drei Typen, die mit Dessertwein aus den Trauben Pedro Ximenez oder Moscatel gesüßt werden.

Man trinkt Sherry als Aperitif und gelegentlich auch als Digestif. Er ist vom Wesen her ein Weißwein, sollte also leicht gekühlt serviert werden. Süße Sherrys werden bei Zimmertemperatur serviert.

Bekannte Sherry-Marken sind der Pale Cream Croft Original, Harveys Bristol Cream, der aus einem mit Pedro Ximenez gesüßten Verschnitt aus Fino, Amontillado und Oloroso besteht, und der Fino Tio Pepe. In den USA versteht man unter Sherry einen verstärkten Wein, der aber mit einer Herkunftsangabe, beispielsweise „Californian Sherry", versehen sein muss.

PORTWEIN

Der im Tal des Douro im Norden Portugals hergestellte und über den namengebenden Hafen Porto exportierte Port ist ein mit Brandy auf rund 20 Vol.-% Alkohol aufgespriteter Rotwein.

Portwein ist vor allem in England sehr beliebt, wo man ihn seit Ende des 17., Anfang des 18. Jahrhunderts trinkt, als England mit Frankreich im Krieg lag. Französische Weine waren kaum mehr zu bekommen, aber die Regierung senkte den Einfuhrzoll auf portugiesische Weine, die dadurch preiswert wurden. Allerdings schlugen die Weine auf dem Seetransport häufig um, sodass die Handelshäuser versuchten, sie mit Brandy haltbarer zu machen. Schließlich ging man dazu über, den Branntwein nicht erst zum Transport, sondern schon bei der Gärung zuzusetzen – und der Portwein war geboren.

Port ist ein traditioneller Digestif und wird gern zu Käse, vor allem Blauschimmelkäse, gereicht. Die höchste Qualitätsstufe ist Vintage Port aus den Trauben eines einzigen Jahrgangs, wobei nicht jedes Jahr gut genug für einen Jahrgangsport ist. Vintage Port wird nicht filtriert, sodass man ihn vor dem Trinken dekantieren muss, um das Depot zu entfernen. Er sollte bei Zimmertemperatur serviert werden.

Ruby Port ist ein junger, fruchtiger, tiefroter Verschnitt aus mehreren Lesen, der vor der Abfüllung in der Regel zwei bis drei Jahre reifen darf. Tawny Port ist entweder wesentlich länger gereift als Ruby, bis er eine goldbraune Farbe und einen weicheren, nussigen Geschmack annimmt, oder er wird aus helleren Weinen hergestellt, die ihm eine bernsteinbraune Färbung verleihen. Late Bottled Vintage oder LBV ist ein Port aus Jahrgangswein, der nach vier bis sechs Jahren abgefüllt wird. Weißer Port entsteht aus weißen Trauben, hat einen leichteren, frischen Geschmack und wird ohne Reifung abgefüllt. Er wird meist gekühlt als Aperitif getrunken.

Um den Port haben sich viele Rituale entwickelt. So zogen sich in früheren Zeiten die englischen Ladys nach dem Mahl zurück, und die Gentlemen ließen

Die besten Jahrgangsports bestehen aus Weinen desselben Jahrgangs der besten Weingüter. Der Portwein wird höchstens zweieinhalb Jahre in Fässern gereift, bevor er auf Flaschen gezogen wird. Dieser Port muss nun 10 bis 30 weitere Jahre in der Flasche reifen, bevor er das richtige Alter hat, um getrunken zu werden.

einen Dekanter mit Portwein am Tisch umgehen, der immer nach links weitergereicht werden musste. Wer den Dekanter zu lange vor sich stehen ließ, wurde beschuldigt, der Bischof von Norwich zu sein, ein bekanntermaßen gieriger Kleriker seiner Zeit. Er wurde dann gefragt, ob er den Bischof von Norwich kenne. Antwortete er mit Nein, erwiderte man, der Bischof sei ein wirklich netter Mann, der aber nie den Port weiterreichte. Bekannte Vintage-Port-Marken sind Dow, Sandeman und Taylor.

MADEIRA

Wie sein enger Verwandter, der Port, ist Madeira ein aufgespriteter portugiesischer Wein, der allerdings nicht auf dem Festland, sondern auf der 1000 km vor der Hauptstadt Lissabon liegenden Atlantikinsel Madeira entsteht.

Wie Port wird auch Madeira mit Brandy aufgespritet, um ihn für lange Seereisen transportfähig zu machen, aber im Gegensatz zu Port lässt man ihn bei hohen Temperaturen reifen und oxidieren, was ihm einen weichen Geschmack und eine goldbraune Farbe verleiht, die an Tawny Port erinnert. Madeira sollte bei Zimmertemperatur serviert werden.

BRANDY

Der Name leitet sich vom niederländischen Wort für Branntwein, „brandewijn", her und bezeichnet schlicht destillierten Traubenwein. Branntweine werden in vielen Ländern destilliert, so zum Beispiel in Spanien, Portugal, Deutschland, Südafrika und den

USA, aber der „echte" Brandy stammt aus zwei AOC-Anbaugebieten in Frankreich: dem Armagnac im Südwesten am Rand der Pyrenäen und dem Cognac im Westen an der Atlantikküste.

Zwar haben schon die Alten Griechen und die Römer Alkohol gebrannt, aber die heutige Form des Brandys kam erst im 12. Jahrhundert auf und verbreitete sich im 14. Jahrhundert in Europa.

Vereinfacht gesagt, wird Wein in einer Destille gekocht, bis Wasser und Alkohol verdampfen. Die Dämpfe werden aufgefangen und kondensieren zu einer Flüssigkeit mit hohem Alkoholgehalt. Diese reift meist in Eichenfässern und wird schließlich auf 40 bis 60 Vol.-% Alkohol verdünnt. VS (Very Special) beschreibt ein mindestens drei Jahre gereiftes Produkt, VSOP (Very Superior Old Pale) steht für fünf, XO (Extra Old) für sechs und Hors d'Age für zehn Jahre Reife.

Das Armagnac hat eine längere Weinbrandtradition als die Stadt Cognac. Die Grundweine beider Regionen sind zwar größtenteils aus den gleichen Rebsorten gekeltert, aber in Cognac wird der Brandy im Gegensatz zum Armagnac zweimal destilliert. Man könnte sagen, dass der Armagnac insgesamt kräftiger anmutet, während der Cognac edler wirkt.

Brandy ist in der Regel karamellfarben, was auf die Alterung des Fassholzes beziehungsweise – bei preiswerten Marken – den Zusatz von Zuckercouleur zurückzuführen ist.

Brandy wird meist pur bei Zimmertemperatur als Digestif getrunken, ist aber auch eine wichtige Zutat diverser Cocktails. Für diesen Zweck sind vor allem die jüngeren Brandys geeignet.

BRANDY-MARKEN

- **Courvoisier** ist eine beliebte Cognac-Marke. Das Unternehmen rühmt sich starker Bande zu Napoleon I. und III. und produziert eine Reihe von Brandys. So ist beispielsweise der Courvoisier VSOP Exclusif gezielt als Mixer vorgesehen.
- **Hennessy** ist eine weitere populäre Cognac-Marke und – geht man nach der Häufigkeit der Erwähnung in ihren Texten – das Lieblingsgetränk vieler Rap-Musiker. Die Palette reicht vom Standard-VS bis zum superteuren und außerordentlich exklusiven Ellipse, von dem jedes Jahr nur 100 Flaschen hergestellt werden.
- **Hine Rare VSOP** ist ein Verschnitt aus mehr als 25 verschiedenen Cognacs, deren jüngster mindestens vier Jahre alt ist, damit er als VSOP bezeichnet werden darf. Der Hine Antique XO beinhaltet über 40 Cognacs, deren jüngster mindestens sechs Jahre alt ist.
- **Janneau** ist ein beliebter Armagnac, auch wenn das Unternehmen traditionswidrig zweimal brennt, was eigentlich ursprünglich ein Markenzeichen der Konkurrenz aus Cognac ist. Die Palette umfasst 5-, 8- und 15-jährige Brandys sowie einzelne weitere Jahrgangseditionen.
- **Martell VS** ist ein zwei Jahre gereifter Cognac-Verschnitt. Das andere Ende der Produktpalette besetzt der Martell l'Or aus mehr als 60 Jahre im Fass gereiften Cognacs.
- **Remy Martin VSOP** reift in der Regel in kleinen Eichenfässern, die den Alterungsprozess verstärken.

WEITERE WEINBRANDTYPEN UND LIKÖRE

- **Advocaat** ist ein niederländischer gelber, cremiger Likör aus Eigelb, Zucker und Weinbrand und ist häufig mit Vanille aromatisiert. Er hat einen Alkoholgehalt von 15 bis 20 Vol.-% und ist die Grundzutat für einen Snowball. Mittlerweile gibt es weitere innovative Cocktailkreationen mit Advocaat. Bekannte Hersteller sind Bols und Verpoorten.
- **Aguardiente**, übersetzt „brennendes Wasser" oder „Feuerwasser", ist der spanische Sammelbegriff für einen Weinbrand mit einem Alkoholgehalt zwischen 30 und 45 Vol.-%. In Portugal heißt das gleiche Produkt Aguardente. Der chilenische Aguardiente entsteht wie Marc oder Grappa aus Trester, aber in Brasilien, Kolumbien und Mexiko bezeichnet der Name einen Zuckerrohrschnaps oder Rum.
- **Alizé** Diese Mischung aus Cognac, Wodka und Fruchtsaft ist mit nur 16 Vol.-% Alkohol vergleichsweise schwach alkoholisch. Erhältlich sind die Sorten Gold Passion (Passionsfrucht), Red Passion (Cranberry und Pfirsich), Wild Passion (Pink Grapefruit und Mango), Bleu (Kirsche und Ingwer) und Rose (Rose, Erdbeere und Litschi, aber ohne Cognac).
- **Grappa**, die italienische Variante, die weitgehend auf die gleiche Weise entsteht, hat eine Bandbreite vom brennend rauen bis zum edlen Brand aus nur einer Traubensorte.
- **Marc** ist ein französischer Weinbrand aus vergorenem Fruchtfleisch, Schalen und Stängeln, dem Trester, die nach dem Keltern von Traubensaft übrig bleiben.
- **Obstbrand** bezeichnet einen Weinbrand, der aus anderen Früchten als Trauben gebrannt wurde.

VERMOUTH

Der Wermut, international Vermouth, ist die Grundzutat jedes Martinis. Von dem aufgespriteten Wein mit einem Alkoholgehalt zwischen 15 und 18 Vol.-% Alkohol gibt es eine rote Version, die im 18. Jahrhundert von dem Italiener Antonio Benedetto Carpano erfunden wurde, und eine weiße Variante, die im 19. Jahrhundert in Frankreich entstand.

Prinzipiell gibt es drei Typen von Vermouth. Rosso ist süß und wird pur als Aperitif oder mit einem Modi-

fier getrunken. Bianco ist erwartungsgemäß weiß und nicht so süß wie Rosso. Dry ist ebenfalls weiß und trocken. Dieser Typ wird für Martinis verwendet. Der rote wird zwar manchmal als italienischer Vermouth bezeichnet und der weiße als französischer, aber heute werden alle Stile sowohl in Italien als auch in Frankreich produziert.

Seinen Namen erhielt der Wermut vom Wermutkraut, das als eines von mehreren Kräutern für den Geschmack sorgt und auch die wichtigste Zutat im Absinth ist. Vermouth enthält nur eine geringe Menge Wermut sowie verschiedene weitere Kräuter und Gewürze, deren Zusammensetzung je nach Hersteller variiert. Die heute charakteristischen Aromen sollten ursprünglich den Geschmack der billigen Weinbasis überlagern. Heute verwendet man in der Regel Destillat aus Trauben.

Dry Vermouth sollte gekühlt werden und hält sich etwa sechs Monate. Andere Wermuts halten sich ein Jahr, solange sie kühl gelagert werden.

VERMOUTH-MARKEN

- ❖ **Cinzano** ist ein italienischer Vermouth, der als Cinzano Rosso, Cinzano Bianco und Cinzano Extra Dry sowie in den Varianten Rosé, Limetto und Orancio angeboten wird. Er wird seit 1757 hergestellt.
- ❖ **Dubonnet** ist eine bekannter französischer Vermouth, der mit Chinarinde und anderen Kräutern gewürzt ist und einen Alkoholgehalt von 17 Vol.-% hat.
- ❖ **Martini & Rossi** ist wohl die bekannteste italienische Vermouth-Marke. Der Cocktail, dessen wichtigste Zutat der Vermouth ist, wurde jedoch aller Wahrscheinlichkeit nach nicht nach der Marke benannt.
- ❖ **Noilly Prat** ist eine bekannte französische Vermouth-Marke, die mit rund 20 Kräutern und Gewürzen aromatisiert ist und einen Alkoholgehalt von 17 Vol.-% hat.

GETRÄNKE MIT KRÄUTERN UND GEWÜRZEN

ANGOSTURA

Angostura besteht aus einer geheim gehaltenen Kräuter- und Gewürzmischung und lässt sich am besten als Würzbitter beschreiben. Er verliert seine Bitterkeit, sobald er in einen Drink gegeben wird, und bringt stattdessen den Geschmack der übrigen Zutaten besser zur Geltung. Angostura wurde im 19. Jahrhundert von einem deutschen Militärarzt in Venezuela erfunden, der ihn als Appetitanreger verwendete, wird aber heute auf Trinidad produziert. Er hat einen relativ hohen Alkoholgehalt von 44,7 Vol.-%, aber man verwendet immer nur einige wenige Spritzer. Angostura hat ein unverkennbares Etikett, das zu groß für die Flasche ist – ein Fehler, den zu korrigieren sich niemand je die Mühe gemacht hat. Er liefert das „Pink" im Pink Gin, der lediglich aus Gin und Angostura besteht.

PIMM'S

Pimm's wurde Anfang des 19. Jahrhunderts von James Pimm, dem Besitzer der Londoner *Oyster Bar*, erfunden. Pimm's No. 1 Cup ist ein fruchtiger Drink auf Ginbasis, der mit einer geheimen Gewürzmischung aromatisiert wird. Er wurde ursprünglich als Verdauungshilfe verkauft, aber heute ist der dunkle Pimm's ein klassischer englischer Sommerdrink.

Traditionell wird Pimm's No. 1 serviert, indem man einen Teil Pimm's mit zwei Teilen Zitronenlimonade in einen Krug gibt und einen regelrechten Obstsalat aus Orange, Zitrone, Apfel und Gurkenscheiben sowie einige Minzezweige und Eis hinzugibt.

Das Rezept für Angostura wurde 1824 von dem deutschen Militärarzt Dr. Johann Gottlieb Benjamin Siegert für die Soldaten Simon Bolivars entwickelt. Er arbeitete in Ciudad Bolívar in Venezuela, das damals noch Angostura hieß, und verwendete Zutaten aus der Umgebung.

Pimm's dient auch als Zutat diverser anderer Cocktailrezepte. Früher gab es eine von No. 1 bis No. 6 durchnummerierte Reihe von Pimm's-Mischungen, die jeweils auf einer anderen Spirituose basierten. Aber seit den 1970ern ist neben der No. 1 nur noch die No. 3 mit dem Beinamen „Winter" erhältlich, die auf Brandy basiert und einen würzigen Geschmack mit Orangenaroma vermittelt. Beide Sorten haben einen Alkoholgehalt von 25 Vol.-%.

ABSINTH

Absinth bezieht seinen Namen vom lateinischen Begriff für Wermutkraut (*Artemisia absinthium*). Die Spirituose wird aus einer Mischung bitterer Kräuter wie Wermutkraut, Anis, Engelwurz und Gewürznelken destilliert. Der Legende zufolge wurde Absinth in der zweiten Hälfte des 18. Jahrhunderts von dem französischen Arzt Dr. Pierre Ordinaire als Heilmittel erfunden. Die grünlichgelbe Farbe und der Geschmack des Absinths erinnern tatsächlich an Medizin, doch er hat einen hohen Alkoholgehalt von 50 bis 90 Vol.-%, und seine Wirkung ist der Gesundheit vermutlich eher abträglich als förderlich.

Gegen Ende des 19. Jahrhunderts war der Absinth das Lieblingsgetränk in der Pariser Künstlerszene, galt aber auch als suchtgefährdend und wurde für zahlreiche gesellschaftliche Übel wie Gewaltverbrechen verantwortlich gemacht. Folglich wurde er in Frankreich 1915 verboten. Gegen Ende des 20. Jahrhunderts fielen die Verbote in der EU wieder, und der Absinth konnte ein Revival feiern. In den meisten europäischen Ländern ist er heute wieder erhältlich.

Auf klassische Weise trinkt man den Absinth, indem man einen Zuckerwürfel auf einen über das Glas gelegten Löffel legt, mit einem Schluck Absinth tränkt

und anzündet. Sobald der geschmolzene Zucker in das Glas getropft ist, gibt man eiskaltes Wasser (drei bis fünf Teile auf einen Teil Absinth) hinzu, um die Flammen zu löschen und den Drink nach Geschmack zu verdünnen. Dadurch wird der Absinth trübe. Das ist der sogenannte Louche-Effekt (von französisch „louche“ – undurchsichtig).

Der auch als „Grüne Fee“ bezeichnete Absinth heißt in Italien Assenzio, in Spanien Ajenjo und in Marokko Chiba. Zusammen mit dem Kult um den Absinth haben sich auch spezielle Requisiten, wie durchbrochene Absinthlöffel, entwickelt.

LILLET

Lillet ist ein aufgespriteter und mit Kräutern und Früchten aromatisierter Wein aus Frankreich, der in Rot und Weiß erhältlich ist.

MET

Met besteht aus vergorenem Honig und Wasser und ist häufig mit Kräutern aromatisiert. Er gilt als das älteste bekannte alkoholische Getränk.

TABASCO

Tabasco ist eine scharfe Chilisauce, die in Louisiana aus Tabasco-Chilis und weiteren Zutaten hergestellt wird. Sie wird oft genutzt, um einer Bloody Mary den besonderen Kick zu geben.

WORCESTERSHIRESAUCE

Worcestershiresauce ist eine pikante Würzsauce, die unter anderem Essig, Melasse und Sardellen enthält. Auch sie dient häufig zum Aufpeppen einer Bloody Mary. Die berühmteste Marke ist Lee & Perrins.

LIKÖRE MIT KRÄUTERN UND GEWÜRZEN

- **Amaretto** ist ein goldbrauner italienischer Likör mit Bittermandelaroma. Die bekannteste Marke ist Disaronno Originale. Er hat 28 Vol.-% Alkohol und ist mit Karamell und 17 Kräutern und Früchten aromatisiert, die in Aprikosenkernöl eingelegt wurden. Disaronno wird seit 1525 in der Stadt Saronno nahe dem Comer See hergestellt. Eine weitere bekannte Marke ist Amaretto di Amore.
- **Angelica** ist ein hellgelber französischer Likör mit 40 Vol.-% Alkohol aus den Pyrenäen, der mit Engel-

Tabasco wird aus Tabasco-Chilis, Essig und Salz hergestellt und reift drei Jahre lang in Eichenfässern. Die Chilis werden auf Avery Island in Louisiana sowie in Mittel- und Südamerika angebaut und von Hand geerntet, um sicherzustellen, dass sie auch reif sind. Tabasco wird als geschützte Marke seit 1868 von der McIlhenny Company hergestellt.

wurz aromatisiert ist. Daneben existiert auch ein gelber spanischer Likör gleichen Namens.

- ❖ **Bénédictine** wurde im 16. Jahrhundert von dem Benediktinermönch Dom Bernardo Vincelli in einer Abtei in der Normandie erfunden. Es handelt sich um einen Kräuterlikör auf Cognacbasis. Das Rezept ist ein gut gehütetes Geheimnis, das angeblich immer nur drei Menschen gleichzeitig kennen. Die Herstellerfirma produziert auch einen Likör namens B&B, für den der Bénédictine mit Brandy verschnitten wird, was ihn trockener macht.
- ❖ **Campari** ist ein italienischer Likör mit 25 Vol.-% Alkohol, der im 19. Jahrhundert von Gaspare Campari erfunden wurde. Wie üblich ist seine genaue Zusammensetzung geheim, aber er enthält eine bittersüße Mischung aus rund 60 Kräutern und Gewürzen. Die Ursache für die früher mit Karmin erzeugte rote Farbe ist heute unbekannt.
- ❖ **Chartreuse** ist ein französischer Kräuterlikör, der ursprünglich von Kartäusermönchen hergestellt wurde. Wie bei vielen traditionellen Likören ist das Rezept so geheim, dass angeblich nur die drei Mönche, die die Kräutermischung zubereiten, es kennen. Der Chartreuse Verte ist grün und hat einen Alkoholgehalt von 55 Vol.-%, während der gelbe Chartreuse Jaune süßer ist und 40 Vol.-% Alkohol hat. Die Farbbezeichnung „chartreuse" für ein gelbliches Grün ist nach dem Likör benannt.
- ❖ **Crème de Menthe** ist ursprünglich ein klarer Pfefferminzlikör. Der auch grün gefärbt erhältliche Likör eignet sich gut für Cocktails, in denen die Farbe eine Rolle spielt.
- ❖ **Crème de Noyaux** ist ein französischer Likör mit Mandelaroma und weißer oder rosa Farbe.
- ❖ **Cuarenta y Tres** ist ein weiterer gelber Likör aus Spanien, der mit 43 Früchten und Kräutern aromatisiert ist, was auch seinen Namen erklärt – „dreiundvierzig" auf Deutsch. Er wird auch unter dem Namen Licor 43 vertrieben.
- ❖ **Fernet-Branca** sind italienische Kräuterliköre aus mehr als 40 Kräutern und Gewürzen, die pur als Digestif oder mit Kaffee oder Cola gemischt getrunken werden. Sie haben einen Alkoholgehalt von 40 Vol.-%. Strega ist mit Veilchen und Kräutern wie Minze und Safran aromatisiert. Dem Safran verdankt er seine gelbe Farbe. Ein weiterer italienischer Kräuterlikör ist Isolabella. Der ebenfalls italienische Frangelico bezieht sein Aroma aus Kräutern und Haselnüssen.

- ❖ **Kümmel** ist ein klarer Likör aus Kümmelsamen deutscher, niederländischer und manchmal russischer oder sogar dänischer Provenienz. In Norddeutschland wird er auch Köm genannt. Underberg ist ein deutscher Bitter, der in kleinen, charakteristisch verpackten Portionsflaschen verkauft wird. Danziger Goldwasser ist ein deutscher Kräuterlikör mit Blattgoldflocken.
- ❖ **Metaxa** ist ein griechischer Likör aus Weinbrand und Wein, der mit Kräutern aromatisiert ist.
- ❖ **Parfait Amour** ist ein violetter Likör, der in Frankreich und den Niederlanden hergestellt wird und

meist aus einer Curaçao-Basis mit Vanille- und Mandelaromen und Rosenblättern besteht.

- ❖ **Pisang Ambon** ist ein leuchtend grüner Fruchtlikör mit Kräutern und einem kräftigen Bananengeschmack, der aus Südostasien stammt und heute von Bols in den Niederlanden produziert wird.
- ❖ **Swedish Punsch** ist ein schwedischer Likör auf Basis von Arrak, der mit diversen Kräutern, Zitrone und Zucker aromatisiert ist.

GETRÄNKE MIT INGWER

- ❖ **Falernum** ist ein süßer, dickflüssiger Sirup für karibische Drinks, der unter anderem Ingwer, Gewürznelken, Limette und manchmal Vanille oder Piment enthält. Es gibt Versionen mit und ohne Alkohol.

Der aus Südostasien stammende Ingwer wird schon lange wegen seiner kulinarischen und medizinischen Eigenschaften geschätzt. Spanische Entdecker brachten ihn im 16. Jahrhundert auf die Westindischen Inseln, nach Mexiko und Südamerika, und von dort wurde er später nach Europa exportiert. Heute sind die Spitzenproduzenten Jamaika, Indien, die Fidschi-Inseln, Indonesien und Australien.

- ❖ **Ginger Beer** hat seine Ursprünge im 18. Jahrhundert. Heute ist das trübe, leicht perlende und schwach alkoholische Ingwerbier ein typisch englisches Sommergetränk. Die Grundzutaten sind Ingwer, Zitrone, Zucker und ein Gärmittel, traditionell eine Kombination aus Hefe und Bakterien, oder auch nur Hefe. Heute ist das kommerziell vertriebene Ginger Beer meist alkoholfrei und erinnert mehr an den Softdrink Ginger Ale.
- ❖ **Ginger Wine** Eine der bekanntesten Marken ist der seit dem 18. Jahrhundert hergestellte und in Großbritannien sehr beliebte Stone's Original Green Ginger Wine. Ingwerwein hatte seine Blütezeit während der Choleraepidemie in den 1830er-Jahren, da Ingwer angeblich Schutz vor der Krankheit bot. Es handelt sich im Prinzip um einen aufgespriteten Traubenwein mit 13 Vol.-% Alkohol, dem geriebener Ingwer und Rosinen zugesetzt werden. Man trinkt ihn pur oder mixt ihn mit Whiskey, um einen Whiskey Mac zu erhalten. Es gibt auch eine Special Reserve mit 18 Vol.-% Alkohol. Eine weitere bekannte Marke ist Crabbie's Green Ginger Wine.

KRÄUTERSOFTDRINKS

- ❖ **Cola** ist ein alkoholfreier, kohlensäurehaltiger Softdrink, der mit Zitrusfrüchten und Gewürzen aromatisiert ist. Wie die meisten Softdrinks wird Cola pur, gekühlt oder mit Eis getrunken, lässt sich aber auch gut mit Spirituosen wie Rum und einigen Whiskeys mischen.
- ❖ **Dr Pepper** ist ein Softdrink aus einer geheimen Mischung von 23 Zutaten, der nach Kirsche schmeckt und mit Zuckercouleur gefärbt ist.
- ❖ **Root Beer** ist ein in den USA sehr beliebter Softdrink, der ursprünglich aus Sassafrasöl und -wurzel hergestellt wurde. Heute verwendet man andere Wurzeln, Beeren, Rinden, Pflanzenteile und Kräuter. Ein anderes Erfrischungsgetränk ist Birch Beer aus der Gegend um Philadelphia. Im Übrigen gibt es auch alkoholhaltige Versionen des Root Beer.

GETRÄNKE MIT ANIS

PASTIS

Pastis ist ein Anisette, ein Anislikör mit einem Alkoholgehalt von 40 bis 45 Vol.-%, der als Aperitif getrunken wird. 1915 wurde in Frankreich der Absinth verboten. Die vor dem Ruin stehenden Absinthhersteller verzichteten daraufhin auf den Wermut, gaben mehr Anis in ihr Produkt und reduzierten den Alkoholgehalt – der Pastis war geboren. Man mischt ihn normalerweise im Verhältnis 1:5 mit Wasser, reicht ihn aber meist pur mit einem Krug Wasser. Bekannte Marken sind Pernod, Ricard und Pastis 51.

RAKI

Raki gilt gemeinhin als das türkische Nationalgetränk, aber er wird auch auf dem Balkan und im Mittleren Osten produziert. Es gibt verschiedene Rezepturen, generell ist er destilliert und mit Anis aromatisiert. Er wird gekühlt und verdünnt als Aperitif zu einem gemischten Vorspeisenteller getrunken. Raki wird auch „Löwenmilch" genannt.

SAMBUCA

Sambuca ist ein klarer italienischer Anislikör. Er wird pur oder auf Eis getrunken und wird manchmal mit drei Kaffeebohnen dekoriert, die Gesundheit, Wohlstand und Glück symbolisieren.

GALLIANO

Galliano ist ein gelber italienischer Likör, der als Zutat für den Cocktail Harvey Wallbanger dient.

JÄGERMEISTER

Jägermeister ist ein dunkelroter deutscher Kräuterlikör mit Anis, der als Digestif getrunken wird.

OUZO

Ouzo ist ein klarer griechischer Anislikör. Er wird pur oder mit Wasser verdünnt getrunken.

GETRÄNKE MIT ZITRUSAROMA

TRIPLE SEC

Triple Sec ist ein farbloser Orangenlikör mit einem Alkoholgehalt von 15 bis 40 Vol.-%, der in zahlreichen Cocktails als süße Zutat dient.

CURAÇAO

Curaçao ist ein klarer (oder weißer) Bitterorangenlikör. Er wurde ursprünglich auf der Karibikinsel Curaçao aus den bitteren Schalen von Pomeranzen gewonnen. Heute wird er mit unterschiedlichen Farbstoffen hergestellt, vornehmlich Grün, Rot, Violett und Blau, wobei die letzte Variante die beliebteste ist. Die Lebensmittelfarben machen den Curaçao sehr attraktiv für Cocktails.

GRAND MARNIER

Grand Marnier ist ein französischer Orangenlikör, der aus Cognac und einem Bitterorangenlikör, wie Triple Sec oder Curaçao, gemischt ist. Die ursprüngliche Variante heißt Cordon Rouge und hat 40 Vol.-% Alkohol, während der Cordon Jaune von geringerer Qualität ist. Grand Marnier wird pur, auf Eis oder in Cocktails getrunken.

COINTREAU

Cointreau ist ein klarer Orangenlikör, der im französischen Angers aus getrockneten Bitterorangenschalen und Orangenschalen hergestellt wird. Er hat einen Alkoholgehalt von 40 Vol.-% und wird sowohl als Aperitif als auch als Digestif serviert, findet aber auch in Cocktails Verwendung.

AURUM

Aurum ist ein goldgelber italienischer Orangenlikör mit einem Alkoholgehalt von 40 Vol.-%. Tuaca ist ein italienischer Likör auf Weinbrandbasis mit Vanille- und Orangenaroma.

LIMONCELLO

Limoncello ist ein süßer Zitronenlikör aus Süditalien. Da er nicht aus dem Saft, sondern aus den Schalen der Zitronen hergestellt und mit einer alkoholischen Basis vermischt wird, schmeckt er nicht säuerlich. Er wird meist gekühlt als Digestif serviert, aber auch in Cocktails verwendet.

ZITRONENLIMONADE

Limonade ist ein alkoholfreies Erfrischungsgetränk aus Wasser, Zucker und Zitronensaft. Als kommerzielles Produkt, wie 7-up oder Sprite, ist sie meist klar und kohlensäurehaltig und enthält Zitronen- und Limettenaroma. Das unterscheidet sie von selbst gemachter Limonade, die meist trüb ist und keine Kohlensäure enthält. Diese Getränke können pur, gekühlt oder mit Eis getrunken werden und eignen sich gut für Cocktails. Bitter Lemon – Tonic Water mit Zitronenaroma – dient ebenfalls häufig als Füller. Hooper's Hooch ist eine alkoholische Limonade mit 4,7 Vol.-% Alkohol und gehört zu den sogenannten Alkopops. Wie viele Zitronen- und Orangendrinks ist auch sie mit anderen Fruchtaromen erhältlich.

FRUCHTSAFT

Als Fruchtsaft bezeichnet man den puren Saft einer Frucht, nicht nur von Zitrusfrüchten, oder auch ein Getränk aus Extrakt oder Konzentrat, Zucker und Wasser.

BELVOIR

Belvoir ist eine britische Softdrinkmarke, unter der verschiedene Limonaden und Konzentrate auf Fruchtsaftbasis vertrieben werden, von denen einige biologisch hergestellt sind.

ORANGENBITTER

Orangenbitter ist ein Cocktailaroma, das dem Angostura ähnlich ist, aber meist aus den Schalen unreifer Orangen gewonnen wird.

GETRÄNKE AUF OBSTBASIS

OBSTBRAND

Obstbrand oder Obstler ist der Sammelbegriff für Spirituosen, die aus vergorenen Früchten statt aus Weinbeeren destilliert sind. Obstbrände werden auf der ganzen Welt aus den verschiedensten Früchten hergestellt, wie zum Beispiel Kirschen, Aprikosen und Pfirsiche.

KIRSCHWASSER

Kirschwasser ist ein deutscher Obstbrand aus Süßkirschen mit einem Alkoholgehalt von rund 40 Vol.-%. Es wird pur oder als Cocktailzutat getrunken und dient auch zum Aromatisieren von Käsefondue und verschiedenen Kuchen und Desserts.

ABRICOTINE

Abricotine ist ein gelber französischer Obstbrand mit einem Alkoholgehalt von 31,5 Vol.-%. Die Verwendung von Aprikosenkernen verleiht ihm ein kräftiges Mandelaroma.

MIRABELLE

Mirabelle ist ein französischer Zwetschgenbrand mit einem Alkoholgehalt von rund 40 Vol.-%.

QUETSCH

Quetsch ist ein deutscher Zwetschgenbrand mit einem Alkoholgehalt von rund 40 Vol.-%.

Kirschen werden schon seit der Antike in Alkohol serviert. Der Alkohol diente zunächst der Konservierung. Der volle Kirschgeschmack ergänzt aber auch die Säure des Alkohols und verleiht ihm Aroma.

SLIBOWITZ

Slibowitz ist ein Zwetschgenbrand aus Osteuropa mit einem Alkoholgehalt von rund 40 Vol.-%.

PÁLINKA

Pálinka ist ein ungarischer Obstbrand, der meist aus Zwetschgen, aber auch aus anderen vergorenen Früchten destilliert wird. Er hat einen Alkoholgehalt von rund 40 Vol.-%.

MIT FRÜCHTEN AROMATISIERTE LIKÖRE

Unter einem Likör versteht man in der Regel ein mit Früchten, Kräutern oder Gewürzen aromatisiertes und gesüßtes alkoholisches Getränk. Heute werden Liköre überall in der Welt hergestellt, aber die Ursprünge gehen wohl auf die Kräuterheilmittel der Mönche im Mittelalter zurück.

Liköre werden meist nach dem Essen getrunken, aber es gibt keine eherne Regel, wann man einen Likör serviert. Man trinkt ihn pur, auf Eis oder im Kaffee. Darüber hinaus sind Liköre auch wichtige Cocktailzutaten. Viele Rezepte mischen einen Likör mit Sahne, und so werden heute auch Sahnelikör-Fertigmischungen wie Baileys Irish Cream verkauft. Cremeliköre enthalten allerdings meist keine echte Sahne und sind in der Regel sirupartig und besonders stark gesüßt. Liköre haben generell zwischen 15 und 30 Vol.-% Alkohol, es gibt aber auch Varianten mit einem Alkoholgehalt von bis zu 55 Vol.-%.

- ❖ **Amarula Cream** ist ein südafrikanischer Likör aus vergorenen Marula-Früchten und Sahne mit einem Alkoholgehalt von 17 Vol.-%.
- ❖ **Cherry Heering** ist ein bekannter Kirschlikör auf Weinbrandbasis des dänischen Herstellers Peter Heering. Der Likör hat einen Alkoholgehalt von 25 Vol.-%.
- ❖ **Crème de Cassis** ist ein Likör aus schwarzen Johannisbeeren, der vor allem in dem Cocktail Kir (Crème de Cassis und Weißwein) und Kir Royale (Crème de Cassis und Champagner) Verwendung findet.
- ❖ **Framboise** ist der Name eines Himbeerlikörs, eines Himbeerbrands, aber auch eines belgischen Himbeerbiers.

- ❖ **Grenadine** ist nicht alkoholisch und fällt deshalb ein wenig aus dem Rahmen. Der rote Granatapfelsirup dient zum Färben und Süßen von Cocktails. Daneben gibt es auch eine grüne Variante.
- ❖ **Kibowi** ist ein Kiwilikör aus den Niederlanden.
- ❖ **Maraschino** ist ein klarer Kirschlikör aus Maraska-Kirschen und deren zerkleinerten Kernen. Er hat einen Alkoholgehalt von rund 30 Vol.-%.
- ❖ **Midori** ist ein kräftig grüner Melonenlikör mit einem Alkoholgehalt von 30 Vol.-%.

Lapponia Lakka ist ein finnischer Likör aus Moltebeeren. Die goldfarbenen Moltebeeren sind eng mit der Himbeere verwandt. Sie gedeihen im nördlichen Klima von Skandinavien, Schottland, Sibirien und Kanada sowie am Polarkreis und zählen zu den schmackhaftesten Beeren. Da sie nur in kaltem Klima wachsen, reifen die Beeren langsam, sodass sich der Geschmack, der mit Honig gesüßten Äpfeln ähnelt, zu einer außergewöhnlichen Intensität entwickeln kann.

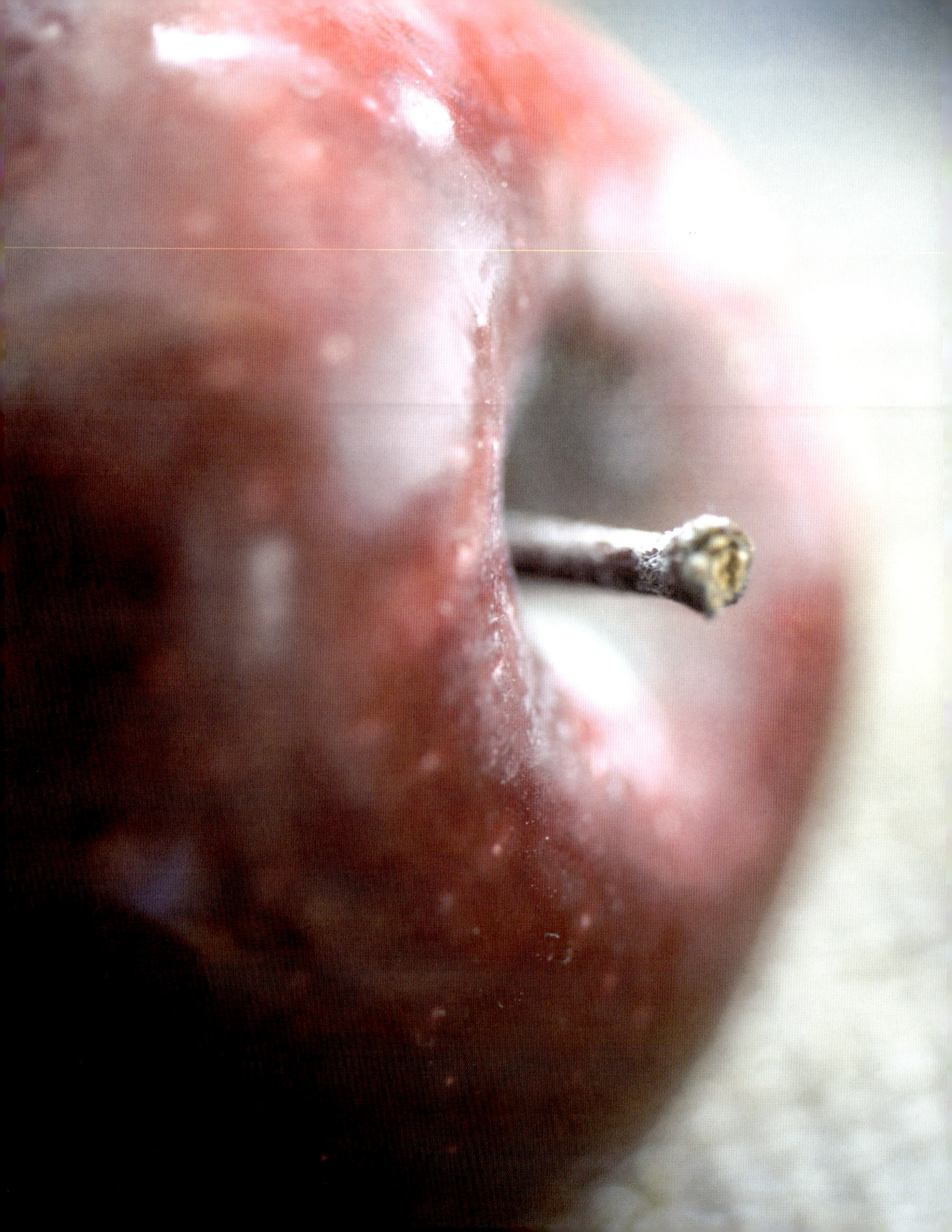

GETRÄNKE AUS ÄPFELN UND BIRNEN

CIDRE

Für Cidre oder Cider, wie er in England heißt, wird frisch gepresster Apfelsaft vergoren. Die meisten Cidres werden aus speziellen Äpfeln hergestellt, die klein, hart und eigentlich unverdaulich sind, aber man kann auch Tafel- und Kochäpfel verwenden. Dabei bestimmt die Mischung der Apfelsorten den Geschmack des Apfelweins. Nach der Gärung lässt man die Cidres meist mehrere Monate reifen, damit sie ihren vollen Geschmack entwickeln können. Cidre wird in Frankreich, im spanischen Baskenland (wo er Sidra

Die Äpfel werden vor dem Pressen (links) gründlich gewaschen. Die traditionellen Cidre-Pressen waren groß und aus Holz und mussten genug Druck erzeugen, um die Äpfel zu zerquetschen (oben). Die Früchte wurden mehrmals von Hand gepresst, um möglichst viel Saft zu erhalten. Heute setzen die Hersteller auf moderne Hydraulikpressen.

heißt), in Deutschland (vor allem in Hessen; Äppelwoi) und auch in England produziert, wo der Cider eine lange Tradition als Alternative zum Bier hat und große Popularität genießt.

Cidre ist trocken oder süß, still oder moussierend, dunkel und trüb oder hell und klar. Er kann einen Alkoholgehalt von 2 bis zu 12 Vol.-% haben und wird sowohl von großen Getränkeproduzenten als auch von kleinen lokalen Herstellern produziert und in Fässer und Flaschen abgefüllt. In England nennt man den kräftigen lokalen Cider auch Scrumpy.

Die bekanntesten Großproduzenten für Cider sind die irische Firma Magners, die als Erste die Kombination von Cider und Eis einführte, Merrydown und Strongbow. In den USA ist Cider ein nicht alkoholisches Getränk. Die alkoholhaltige Variante wird dort Hard Cider genannt.

CALVADOS

Calvados ist ein Cidrebrand mit 40 bis 45 Vol.-% Alkohol aus genau bestimmten Regionen der Normandie. Seine Herstellung unterliegt strengen Appellationsregeln, und er muss mindestens zwei Jahre lang reifen. Calvados wird sowohl vor als auch nach dem Essen serviert, und in Frankreich reicht man während eines ausgedehnten Mahls gern auch zwischen den Gängen ein kleines Glas Calvados.

Während die Franzosen den Calvados-Markt beherrschen, werden auch in England bereits seit dem 17. Jahrhundert Apfelbrände hergestellt. Die besten Jahrgänge sollen den französischen Produkten in Farbe, Qualität und Aroma in nichts nachstehen.

APPLEJACK

Applejack ist ein amerikanischer Cidrebrand mit einem Alkoholgehalt von rund 40 Vol.-%.

PERRY

Dieses traditionelle englische Erfrischungsgetränk ähnelt dem Cider, wird aber aus vergorenen Birnen hergestellt. Man verwendet dafür meist die kleinen, harten Perry-Birnen, seltener Tafelbirnen, allerdings werden nur geringe Mengen produziert. Eine beliebte Marke für moussierenden Perry ist Babycham.

BABYCHAM

Babycham gilt als „Frauendrink". Der leicht moussierende Perry mit einem Alkoholgehalt von 5,5 Vol.-% erfreut sich in Großbritannien stets wechselnder Popularität.

POIRE WILLIAM (WILLIAMSBIRNE)

Poire William ist ein französischer Fruchtbrand, für den Williams Christbirnen mit Weinbrand aufgesetzt werden.

PERA SEGNANA

Pera Segnana ist eine dem Poire William sehr ähnliche italienische Variante.

Diese beiden Weinbranddestillen namens Josephine und Fifi wurden zwischen den Kriegen in Paris hergestellt und werden heute noch auf der Passvale Farm in England zur Herstellung von Apfelbrand für die Somerset Cider Company verwendet.

GETRÄNKE AUF STÄRKEBASIS

Es gibt buchstäblich Tausende von Biersorten, die in den Bars aller Welt ausgeschenkt werden, und genauso viele Herstellungsmethoden. Grundsätzlich ist Bier eine fermentierte Mischung aus Wasser und Stärke, wobei die genaue Zusammensetzung, einschließlich der Mineralien im Wasser, Stil, Aussehen und Geschmack beeinflusst.

Bier lässt sich aus Weizen, Roggen, Reis, Kartoffeln, Gräsern und vielen weiteren Rohstoffen herstellen, aber am häufigsten wird Gerstenmalz als Stärkelieferant verwendet. Dazu lässt man das Getreide keimen und trocknet es dann. Durch das Mälzen entstehen die notwendigen Enzyme, um Stärke in Zucker umzuwandeln, der dann zu Alkohol vergoren wird.

Bier wird weltweit mit verschiedensten Kräutern und Früchten aromatisiert, aber in der Regel verwendet man Hopfenblüten, die ihm eine gewisse bittere Note verleihen und als Konservierungsmittel dienen.

Um den Gärprozess zu starten, setzt man Hefe zu, die den Zucker in Alkohol und Kohlendioxid umwandelt. Dazu verwendet man schon seit Jahrhunderten die sogenannte Bierhefe, aber es kommen auch andere Hefearten zum Einsatz. Bierhefe liefert zahlreiche Nährstoffe wie Vitamin B, Kalium und Selen, die zwar ein wenig unter dem Brauvorgang leiden, aber nichtsdestotrotz dafür sorgen, dass Bier gesundheitsfördernde Eigenschaften besitzt.

Als Klärungsmittel kommen auch Hausenblase, eine Substanz aus der Schwimmblase von Fischen, oder das aus Rotalgen gewonnene Karrageen zum Einsatz, um unlösliche Eiweiße zu entfernen. Bei den meisten Bieren wird das Hefesediment ausgefiltert.

Wer das erste Bier gebraut hat, ist unbekannt – vermutlich wurde es in verschiedenen Gesellschaften per Zufall entdeckt – aber die Sumerer kannten es bereits vor 6000 Jahren, und auch die Babylonier und die Ägypter tranken Bier.

Im Mittelalter brauten in Europa vor allem die Mönche Bier, weil das Trinken während der Fastenzeit erlaubt und Bier nahrhaft ist. Man nimmt an,

Im Jahr 2006 veröffentlichte der Verband der europäischen Brauereien eine Statistik über den Bierkonsum in Europa. Dabei lag Tschechien an erster Stelle, gefolgt von Deutschland und Österreich. In Europa werden jährlich rund 400 Millionen Hektoliter Bier erzeugt. Damit gilt die Bierproduktion als größte der Welt.

dass Mönche im heutigen Belgien als Erste Hopfen als Aromastoff einsetzten.

Im Jahr 1516 erließ der bayerische Herzog Wilhelm IV. das erste Lebensmittelgesetz der Welt: das Reinheitsgebot, das besagt, dass Bier nur aus Gerste, Hopfen und Wasser hergestellt werden darf. Heute ist natürlich auch die Zugabe von Hefe erlaubt, aber ansonsten hat das Gebot bis heute Bestand, und die deutschen Brauereien halten sich auch im weitesten Sinne daran. Dies ist einer der Gründe, warum deutsche Biere so klar und qualitativ hochwertig sind.

Die industrielle Revolution und wissenschaftliche Fortschritte, wie die Entdeckung der Pasteurisierung und der Kühlung, haben dazu geführt, dass Bier effizienter, kontrollierter und in größeren Mengen gebraut werden kann.

Die ideale Schanktemperatur für Bier hängt sehr vom Typ des Biers und den persönlichen Vorlieben ab. Deutsche Biere wie Pils oder Weizenbier werden normalerweise gekühlt serviert, während englische Biere wie Stout oder Bitter bei Kellertemperatur getrunken werden.

ALE

Ale ist ein obergäriges Bier aus Gerstenmalz und Hopfen. In Großbritannien existieren zahlreiche Ales wie Bitter, Brown Ale, Dark Ale, India Pale Ale (IPA) und Pale Ale. Die Bezeichnungen beziehen sich auf die Farbe des Malzes, die wiederum direkt von der Darrmethode abhängt. In Deutschland zählt man beispielsweise Altbier und Kölsch zu den Alebieren.

ALTBIER

Altbier – oder Alt – hat eine lange Tradition. Das dunkelbernsteinfarbene, obergärige Bier erhielt seinen

Namen durch die alte Art, nach der es hergestellt wird. Altbier ist eine regionale Spezialität, die am Niederrhein gebraut wird, aber in ganz Deutschland erhältlich ist. Man trinkt das herbe, aromatische Bier am besten frisch und bei einer Temperatur von 8 bis 10 °C.

BERLINER WEISSE

Die in der deutschen Hauptstadt hergestellte Berliner Weiße ist ein obergäriges, dunkelgelbes Schankbier mit leicht säuerlichem Geschmack und erfrischendem Charakter. Ihre Stammwürze von 7 bis 8 % setzt sich aus Weizen- und Gerstenmalz zusammen. Bei der „Weißen mit Schuss" gibt man einen Schuss Himbeer- oder Waldmeistersirup ins Bier, das so eine interessante Farbe erhält. Mit einem Alkoholgehalt von etwa 2,8 Vol.-% gehört es eher zu den leichteren Biersorten.

BOCKBIER/EISBOCK

Bockbiere sind helle und dunkle ober- oder untergärige Biere mit einem hohen Stammwürzegehalt, die ursprünglich im norddeutschen Einbeck entstanden, aber heute in ganz Deutschland, Österreich und den Niederlanden gebraut werden.

Beim aus dem oberfränkischen Kulmbach stammenden Eisbier oder Eisbock handelt es sich nicht etwa um besonders kalt ausgeschenktes Bier, sondern um ein milderes, etwas stärkeres Lagerbier. Es wird eiskalt gelagert, sodass das Wasser anfängt zu gefrieren, nicht aber der Alkohol. Die Eiskristalle werden abgeschöpft, wodurch das Bier konzentrierter und stärker wird. Auf diese Weise entstehen einige der stärksten Biere der Welt.

KÖLSCH

Dieses sehr helle, hopfenbetonte Vollbier ist eine Spezialität der Domstadt Köln und darf nur von bestimmten Brauereien in Köln und der engeren Umgebung hergestellt werden. Traditionell wird das obergärige Bier aus schlanken, meist 0,2 Liter fassenden Gläsern – den Kölschgläsern oder „Stangen" – getrunken und in kölschen Brauhäusern von Kellnern serviert, die „Köbes" genannt werden.

LAGERBIER/EXPORT

Lager ist ein helles oder dunkles, malzaromatisches Vollbier, das mit untergäriger Hefe hergestellt wird. In frühen Zeiten bezeichnete man Biere als Lager, die, wie der Name schon sagt, einige Monate lang im Keller lagerten, um zu reifen. Estmals wurde es im 16. Jahrhundert in Bayern gebraut. Zu dieser Zeit konnte man im Sommer aufgrund der hohen Temperaturen kein Bier brauen. Deshalb wurde das Winterbräu in Höhlen und Kellern gelagert, die oftmals durch Eisblöcke gekühlt wurden. Man stellte fest, dass die Hefe in der Kälte zu Boden sank und das Bier dadurch insgesamt stabiler wurde – das Lagerbier war geboren.

Der Begriff Lager wird heute nicht mehr oft verwendet, da unter diesem Namen verschiedene Biersorten angeboten werden. So wird helles Lagerbier im bayrischen Raum schlicht als Helles bezeichnet. Auch das in Dortmund beliebte Exportbier ist ein Lagerbier. Der Name Export kann obendrein Verwirrung stiften, denn das in Deutschalnd gebraute Bier wird auch hierzulande getrunken. Früher wurden Biersorten als Export bezeichnet, die sich problemlos über Land und Wasser transportieren ließen.

MALZBIER

Dieses sehr dunkle, obergärige, alkoholarme Vollbier hat eine lange Geschichte – ein Vorläufer des Malzbiers wurde Ende des 15. Jahrhunderts als „Braunschweiger Mumme" gebraut. Das nährstoffreiche Bier galt früher als beliebtes Getränk für stillende Mütter und Ammen. Heute ist echtes Malzbier nur noch selten zu finden, denn seit dem Jahr 1960 darf Malzbier mit Zuckerzusatz nur noch unter dem Namen Malztrunk vertrieben werden. Es schmeckt am besten gut gekühlt.

PILSNER

Pilsner, auch Pils genannt, entstand Mitte des 19. Jahrhunderts im tschechischen Pilsen. Damals heuerte man einen bayrischen Braumeister namens Josef Groll an, der ihre Erzeugnisse verbessern sollte. Er weihte sie in die Geheimnisse der deutschen Braukunst ein, aber die Zutaten aus der Region, vor allem das weiche Wasser und die helle Gerste, führten zu einem leichten, klaren, kohlensäurestarken Bier, das seinen Siegeszug als Pilsner antrat. Die meisten modernen hellen Lagerbiere basieren auf dem Pilsner Typ.

SCHWARZBIER

Das vollmundige, untergärige dunkle Vollbier wird hauptsächlich in den ostdeutschen Bundesländern gebraut, vor allem in Thüringen und Sachsen. Die ostdeutsche Spezialität erfreut sich aber auch in den alten Bundesländern zunehmender Beliebtheit.

STOUT/GUINNESS

Stout ist ein dunkles hopfenbitteres Bier aus stark geröstetem Gerstenmalz, das besonders in englischsprachigen Ländern beliebt ist. Das berühmteste Stout ist das Guinness, das erstmals Mitte des 18. Jahrhunderts im irischen Dublin gebraut wurde. Es erhält seine dunkle Farbe und den unverwechselbaren Geschmack durch die Röstung des Gerstenmalzes. Guinness besitzt relativ wenig Kohlensäure und perlt nicht sehr stark, aber es enthält Stickstoff, der ihm die typische cremige Schaumkrone verleiht. Es wird rund um den Globus getrunken, vor allem aber in Irland. Das in Irland gebraute Guinness soll anders schmecken als das in England hergestellte.

WEIZENBIER/WEISSBIER

Für die Herstellung des obergärigen Weizenbiers oder Weißbiers wird außer Gerste auch Weizen verwendet. Die bayrische Spezialität schmeckt am besten in den typischen, leicht geschwungenen Gläsern mit 0,5 Litern Fassungsvermögen. Das erfrischende, recht milde Bier wird gern im Sommer getrunken und kühl, aber nicht eiskalt serviert.

In den letzten Jahren ist der internationale Bierkonsum beträchtlich angestiegen. Der größte Produzent ist der Konzern Anheuser-Busch, der unter anderem die Marke Budweiser herstellt. Die am weitesten verbreitete Marke ist das niederländische Heineken.

BIERMARKEN

❖ **Aecht Schlenkerla** Dies ist ein Rauchbier im Märzen-Stil aus Bamberg, dessen charakteristisches Raucharoma durch das Darren des Malzes über offenem Holzfeuer entsteht.

❖ **Asahi** ist eine japanische Brauerei, die für ihr Asahi Super Dry bekannt ist, eines der ersten leichten Lagerbiere, die in Japan hergestellt wurden.

❖ **Beck's** ist eine in Bremen beheimatete Biermarke mit einem breiten Sortiment, die sich auch international großer Bekanntheit erfreut.

❖ **Berliner Kindl Weiße** ist ein leicht säuerliches Weißbier, das mit Milchzucker gebraut wird und in der Flasche nachgärt. Es gibt auch verschiedene mit Sirup gemischte Sorten.

❖ **Binding Clausthaler** ist ein verbreitetes alkoholfreies Bier, das auch in einer extraherben Version angeboten wird.

❖ **Bitburger Premium Pils** ist das vermutlich bekannteste Pilsner Deutschlands, das auch in einer Light-Version und als alkoholfreies Bier im Handel ist.

❖ **Brahma** ist eine brasilianische Biermarke.

❖ **Budweiser** ist eine amerikanische Biermarke des Anheuser-Busch-Konzerns. Bud, wie es gemeinhin genannt wird, und das alkohol- und kalorienreduzierte Bud Light zählen zu den verkaufsstärksten Lagerbieren der Welt.

❖ **Budweiser Budvar** ist ein tschechisches Lagerbier, das man nicht mit der amerikanischen Marke Budweiser verwechseln darf. Die Nutzungsrechte am Namen Budweiser sind in mehreren Ländern juristisch umstritten.

❖ **Carlsberg** hat zwar seine Unternehmenszentrale im dänischen Kopenhagen, aber das Lagerbier wird in Brauereien in aller Welt hergestellt. Das Unternehmen produziert unter anderem auch die Marken Tuborg, Holsten Pilsener, Feldschlösschen und Hannen Alt.

❖ **Chimay** ist ein Bier der größten und bekanntesten Trappistenbrauerei Belgiens. Es gibt verschiedene

Sorten unterschiedlicher Stärke. Das stärkste und komplexeste ist das leicht süße Chimay Bleue mit einem Alkoholgehalt von 9 Vol.-%.

❖ **Cobra** ist ein indisches Lagerbier, das auch in Großbritannien gebraut wird.

❖ **Coors** ist ein nordamerikanisches Unternehmen mit zahlreichen Handelsmarken.

❖ **Corona** ist ein mexikanisches Lagerbier, das oftmals mit einer in den Flaschenhals gesteckten Zitronen- oder Limettenspalte serviert wird, was aber in Mexiko nicht üblich ist.

❖ **Diebels Alt** ist ein klassisches dunkles, obergäriges Altbier.

❖ **Dos Equis** ist ein mexikanisches Lagerbier.

❖ **Efes** ist ein türkisches Bier im Pilsner-Stil.

❖ **Einbecker Ur-Bock** ist ein Bier aus der Stadt in Niedersachsen, die das Bockbier erfunden hat. Hier entsteht auch der Maibock, ein untergäriges Starkbier, das in der Regel nur zwischen April und Juni verkauft wird.

❖ **Erdinger Weißbier** ist ein bayrisches Weizenbier, das traditionell in Flaschengärung hergestellt wird.

❖ **Foster's** ist ein australisches Lagerbier, das auch in anderen Ländern gebraut wird, wo es populärer ist als im heimischen Australien.

❖ **Früh Kölsch** ist ein weiches, fruchtig-herbes Kölsch, das nur mit Gerstenmalz ohne Weizenzusatz gebraut wird.

❖ **Grolsch** ist ein niederländisches Lagerbier, das in Flaschen mit Bügelverschluss verkauft wird. Die Brauerei vertreibt zahlreiche Sorten.

❖ **Heineken** ist eine niederländische Lagerbiermarke. Der Konzern produziert weltweit zahlreiche Biermarken.

❖ **Jever Pilsener** ist ein ausgeprägt hopfenbitteres Pilsner aus Norddeutschland. Die Brauerei stellt auch alkoholfreies Bier und Biermixgetränke her.

❖ **Kingfisher** ist ein indisches Lagerbier.

❖ **König-Pilsener** ist ein kräftiges, hopfenbitteres Premium-Pilsener. Es gibt auch eine alkoholfreie Variante und ein Biermixgetränk mit Zitronengeschmack.

❖ **Krombacher Pils** ist ein mittelschweres, malzigbitteres Premium-Pilsener aus dem Sauerland. Es ist das meistverkaufte Pils Deutschlands.

❖ **Kronenbourg 1664** ist ein französisches Lagerbier.

❖ **Michelob** ist eine amerikanische Lagerbiermarke mit diversen Sorten.

❖ **Miller** ist eine amerikanische Lagerbiermarke. Das Unternehmen vertreibt eine ganze Reihe von Marken, wie das alkoholreduzierte Miller Lite.

❖ **Moretti** ist ein italienisches Bier, das dem deutschen Bockbier ähnelt.

❖ **Newcastle Brown Ale** ist ein britisches dunkles, mildes Flaschenbier.

❖ **Peroni** ist ein italienisches Lagerbier. Die berühmteste Sorte ist Nastro Azzurro.

❖ **Pilsner Urquell** ist der klassische Urtyp des tschechischen Pilsner Biers.

❖ **Radeberger Pilsner** ist ein untergäriges Bier aus der Nähe von Dresden, das seinerzeit als das beste Bier der DDR galt.

❖ **Red Stripe** ist ein jamaikanisches Lagerbier, das lokal auch in Großbritannien gebraut wird.

❖ **Rolling Rock** ist ein amerikanisches Lagerbier. Manche glauben, die „33“ auf dem Etikett beziehe sich auf die Aufhebung der Prohibition in den USA 1933, wahrscheinlicher ist aber, dass es eine Referenz an den ersten Werbeslogan der Marke ist, der 33 Worte lang war. Angeblich wurde die Zahl von einem Drucker versehentlich in den Slogan eingebaut.

❖ **Sagres** ist eine protugiesische Lagerbiermarke, die im Süden des Landes gebraut wird.

❖ **San Miguel** ist eine Lagerbiermarke aus Spanien.

❖ **Sapporo** ist eine japanische Lagerbiermarke, die 1877 erstmals von einem Braumeister gebraut wurde, der die Kunst des Bierbrauens in Deutschland erlernte. Heute wird das Bier in aller Welt produziert.

❖ **Sol** ist ein mexikanisches Lagerbier.

❖ **Staropramen** ist ein starkes tschechisches Lagerbier.

- ❖ **Steinlager** ist ein neuseeländisches Lagerbier.
- ❖ **Stella Artois** ist eine belgische Biermarke, die in Brauereien verschiedener Länder hergestellt wird.
- ❖ **Super Bock** ist ein portugiesisches Bier, das im Norden des Landes gebraut wird.
- ❖ **Tiger Beer** ist ein Lagerbier, das ursprünglich aus Hongkong stammt, heute aber in diversen südostasiatischen Brauereien gebraut wird.
- ❖ **Tsingtao Beer** ist ein helles chinesisches Pilsner mit kräftiger Hopfennote. Es ist das am häufigsten verkaufte chinesische Bier in den USA. Die 1903 von Deutschen gegründete Brauerei stellt auch ein süßes Porter her.
- ❖ **Veltins Pilsener** ist ein kräftiges, leicht hopfenbitteres Pilsener vom Pionier der Pilsener-Herstellung in Deutschland.
- ❖ **Westmalle Dubbel** ist ein dunkelrotbraunes belgisches Trappistenbier, dem vor der Abfüllung noch einmal Hefe und Zucker zugegeben wird, um eine Nachgärung in der Flasche auszulösen.

BELGISCHES BIER

Belgien hat eine ausgesprochen reiche Biertradition. Hier entstehen beliebte ebenso wie ungewöhnliche Biersorten: Weizenbier, Trappistenbier, Rotbier oder auch das von Kennern besonders geschätzte Lambic. Ausschank und Verzehr der belgischen Biere sind stark ritualisiert, und viele Brauer verkaufen eigens für ihren Biertyp geformte Gläser. Belgisches Bier ist in der Regel deutlich stärker als die international verbreiteten Marken: Ein Alkoholgehalt von 10 oder 11 Vol.-% ist daher nicht ungewöhnlich.

Weizenbier enthält naturgemäß viel Weizenmalz, wobei viele Sorten auch Gerstenmalz enthalten. In Belgien heißt dieser Stil Witbier oder Blanche, was beides „weißes Bier" bedeutet. Der Name bezieht sich auf die helle Färbung, die vom Hefedepot herrührt. Weizenbiere sind in der Regel leicht süßlich und gelegentlich auch fruchtig. Sie besitzen einen leichten Geschmack und einen Alkoholgehalt von rund 5 Vol.-%. Bekannte belgische Marken sind Hoegaarden und La Binchoise Blanche.

Um sich Trappistenbier nennen zu dürfen, muss ein Bier von Trappistenmönchen oder zumindest unter deren Aufsicht gebraut worden sein. In Belgien gibt es die sechs Trappistenbrauereien Achel, Chimay, Orval, Rochefort, Westmalle und Westvleteren, in den Niederlanden eine siebte namens La Trappe. Die Mönche brauten ihr Bier ursprünglich für den Eigenbedarf als Nahrungsmittel vor allem während der Fastenzeit und weil das eigentliche Trinkwasser früher oft verschmutzt war. Heute sind die Brauereien eine wichtige Einnahmequelle der Abteien.

Lambic wird ausschließlich in Belgien in einer Region südwestlich von Brüssel gebraut. Das Bier wird nicht durch Zugabe von Hefe gebraut, sondern durchläuft die sogenannte spontane Gärung, bei der der offene Sud den wilden Hefen in der Umgebungsluft ausgesetzt wird. Dadurch entsteht ein säuerlicher, fast apfelweinartiger Geschmack.

DESTILLATE AUS ZUCKER

RUM

Heute wird Rum in aller Welt hergestellt, dabei bringt man ihn am ehesten mit der Karibik in Verbindung, wo er im 17. Jahrhundert erstmals von den Sklaven auf den Zuckerrohrplantagen gebrannt wurde.

Rum entsteht durch das Vergären und anschließende Destillieren von Melasse, dem dickflüssigen Nebenprodukt der Zuckerrohrverarbeitung. Das Destillat ist klar und wird meist als weißer Rum bezeichnet. In der Regel wird es aber in Eichenfässern gereift oder mit Zuckercouleur zu dunklem Rum weiterverarbeitet.

Für die Rumproduktion gibt es keinen Standard, stattdessen gelten für jedes Land eigene Regeln, und so tragen selbst in der Karibik vergleichbare Rumstile ganz unterschiedliche Bezeichnungen. Aus dem gleichen Grund existiert auch kein einheitlicher Alkoholgehalt, aber er liegt in der Regel bei rund 40 Vol.-%.

Rum lässt sich zu Likör verarbeiten oder auch mit Zitrusfrüchten, Mango oder Kokosnuss aromatisieren. Er bildet die Basis vieler bekannter Cocktails wie etwa Cuba Libre, Mai Tai, Daiquiri und natürlich Rum Punch. Rum wird zudem gern mit Cola gemischt, aber man trinkt ihn auch pur oder auf Eis.

RUM-MARKEN

- ❖ **Appleton Estate** ist ein gereifter jamaikanischer Rum.
- ❖ **Bacardi** ist ein weißer Rum. Das Unternehmen wurde ursprünglich im späten 19. Jahrhundert auf Kuba gegründet, aber die Eigentümerfamilie musste die Insel im Verlauf der Revolution 1959 verlassen und ist heute auf den Bermudas ansässig. Sie hat Tochterunternehmen in der Karibik und in aller Welt. Neben verschiedenen Rumsorten produziert Bacardi die Alkopop-Linie Bacardi Breezer, die gerade beim jüngeren Publikum sehr beliebt ist.
- ❖ **Barbancourt** ist ein haitianischer Rum bzw. Rhum, wie es auf dem Etikett steht, der aus

Zuckerrohrsaft statt aus Melasse hergestellt und wie Cognac doppelt gebrannt wird.

- ❖ **Captain Morgan** ist ein brauner Rum, der nach dem walisischen Freibeuter Sir Henry Morgan benannt ist, der im 17. Jahrhundert die spanischen Seetransporte in der Karibik plünderte.
- ❖ **Havana Club** ist eine kubanische Rummarke. Das im späten 19. Jahrhundert gegründete Unternehmen wurde im Zuge der Revolution von 1959 verstaatlicht. Seine verschiedenen Sorten werden von der kubanischen Regierung in einem Joint Venture mit Pernod und Ricard weltweit vertrieben.
- ❖ **Malibu** ist ein weißer Likör auf Rumbasis mit einem starken Kokosaroma. Daneben gibt es auch Versionen mit weiteren Furchtaromen. Er wird auf Barbados hergestellt, hat einen Alkoholgehalt von 21 Vol.-% und kann pur, auf Eis oder mit Limonade gemischt getrunken werden. Die weiße Flasche trägt ein Etikett mit gekreuzten Palmen vor einer untergehenden Sonne.
- ❖ **Mount Gay** ist eine Rummarke von Barbados, die seit 1703 produziert wird und mittlerweile in verschiedenen Stilen und Geschmacksrichtungen erhältlich ist.
- ❖ **Wood's Old Navy** ist ein Rum aus Guyana mit einem Alkoholgehalt von 57 Vol.-%.
- ❖ **Wray and Nephew** ist ein jamaikanischer Rum. Wray and Nephew White Overproof Rum hat einen Alkoholgehalt von 63 Vol.-%.

CACHAÇA

Dieser Zuckerrohrschnaps ist das Nationalgetränk Brasiliens und ein unverzichtbarer Bestandteil des klassischen Caipirinha. Weiße Cachaça ist nicht gereift, während die als überlegen geltende dunkle Variante in Holzfässern gereift ist.

SCHOKOLADENLIKÖRE

- ❖ **Ashanti Gold** ist ein dänischer Schokoladenlikör.
- ❖ **Crème de Cacao** ist ein dickflüssiger Schokoladenlikör mit Kakao- und Vanillearomen und einem Alkoholgehalt von 25 bis 30 Vol.-%. Er ist meist klar, aber es gibt auch eine mit Zuckercouleur gefärbte Variante.
- ❖ **Godiva** ist ein Schokoladenlikör mit 17 Vol.-% Alkohol, den es auch in den Varianten Mokka, Milchschokolade und Weiße Schokolade gibt.
- ❖ **Mozart** ist ein Likör aus Österreich, der in den Varianten Weiße und Schwarze Schokolade erhältlich ist.
- ❖ **Sabra** ist ein Likör mit Schokoladen-Orangen-Geschmack aus Israel.

Um den Alkohol in eine Likörpraline zu bekommen, gibt man kochenden Zuckersirup in den Alkohol und lässt die Mischung über 15 Stunden abkühlen. Dabei kristallisiert der Zucker zu einer harten Schale um den flüssigen Alkohol. Nachdem die Hüllen vollständig abgekühlt sind, bestreicht man sie zunächst dünn mit geschmolzener Schokolade und überzieht sie anschließend dick. Dies dauert mindestens zwei Tage.

NICHT ALKOHOLISCHE AROMEN MIT ZUCKER

❖ **Cordial** nennt man im englischsprachigen Raum einen meist nicht alkoholischen Sirup mit Fruchtaromen, der mit Wasser verdünnt oder in Cocktails verwendet wird.

❖ **Gomme-Sirup** ist ein nicht alkoholischer Zuckersirup, der mit Gummi arabicum angedickt ist und zum Süßen von Cocktails dient.

❖ **Orgeat** oder **Orzata** ist ein nicht alkoholischer Mandelsirup, der zum Süßen von Cocktails dient.

❖ **Sour Mix** ist eine Mischung aus Zuckersirup und Zitronensaft, die auch als Sweet and Sour Mix oder Bar Mix bekannt ist.

❖ **Zuckersirup** ist entweder klar oder dunkel und dient zum Süßen von Cocktails. Man stellt ihn her, indem man zwei Teile Zucker in einem Teil Wasser auflöst (siehe Rezept auf Seite 15). Fälschlicherweise wird er auch als Läuterzucker – aus Zucker und Wasser im Verhältnis 1:1 – bezeichnet.

DESTILLATE AUS AGAVE

MEZCAL

Mezcal ist ein Destillat aus dem Fruchtfleisch der Agave, einer Sukkulente. Er wird in ganz Mexiko hergestellt, vor allem aber in der Gegend um die Stadt Oaxaca. Häufig werden Fremdkörper mit in die Flasche gegeben, meist in Form eines „Wurms", bei dem es sich allerdings in der Regel um eine Käfer- oder Mottenlarve handelt.

TEQUILA

Tequila ist ein Mezcal, der ausschließlich im mexikanischen Jalisco aus dem gerösteten Herzen der Blauen Agave hergestellt wird, einer von 136 in Mexiko heimischen Agavenarten. Die Pflanze braucht rund ein Jahrzehnt, bis sie zum ersten und einzigen Mal reinweiße Blüten treibt.

Vorläufer des Tequila war der Pulque, ein bierähnliches Getränk aus vergorener Agave der mexikanischen Ureinwohner. Als die spanischen Eroberer im 16. Jahrhundert einfielen, begannen sie bald damit, Agavensirup zu destillieren. Tequila wird meist zwei Mal gebrannt, wodurch sein Alkoholgehalt auf rund 40 Vol.-% steigt.

Tequila wird pur aus einem speziellen schmalen Glas namens Caballito getrunken. In Mexiko ist es nicht üblich, ihn wie den Tequila Slammer begleitet von etwas Salz und einer Limettenspalte auf ex zu trinken.

Es gibt fünf Qualitätsstufen. Die ursprüngliche und am weitesten verbreitete ist Blanco (Weiß) oder Plata (Silber), für die der Brand nicht reift und deshalb hart und rau sein kann, wobei er aber auch mehr Agavenaroma hat als die übrigen Typen. Der zweite Typ ist Oro (Gold), prinzipiell ein Blanco mit zugesetzter Farbe und Aromen, die ihn älter aussehen und etwas weicher schmecken lassen. Dann folgt Reposado (ausgeruht), der bis zu einem Jahr in Holzfässern reift. Añejo (alt) ist ein bis zehn Jahre lang gereift, wodurch er dunkler und wesentlich holziger im Geschmack wird. Schließlich gibt es noch Extra Añejo (sehr alt), der mindestens drei Jahre und bis zu zehn Jahren im Fass bleibt.

Zudem existieren noch zwei weitere Kategorien: 100 Prozent Agave oder Puro de Agave, die von Kennern bevorzugt wird, und Mixto, der etwas mehr als 50 Prozent Agave enthält. Bekannte Tequilamarken sind unter anderem Sierra Tequila, José Cuervo und Sauza.

SOTOL

Sotol ist ein dem Mezcal ähnliches Destillat, das in der mexikanischen Region Chihuahua aus einer Pflanze namens Rauschopf (*Dasylirion wheeleri*) gebrannt und kaum exportiert wird.

GETRÄNKE AUS REIS

SAKE

Sake wird zwar meist als japanischer Reiswein beschrieben, ist aber dank des sehr bierähnlichen Gärvorgangs eher ein Reisbier. Der erste Sake

entstand vermutlich dadurch, dass Menschen Reis gekaut und ausgespuckt haben, sodass der Speichel eine natürliche Fermentation ausgelöst hat. Irgendwann hat man dann einen passenden Schimmelpilz entdeckt, der das Zerkauen überflüssig machte, und heute ist die Sake-Produktion ein hochtechnisierter Vorgang.

Sake ist meist filtriert, also klar, aber es gibt viele unterschiedliche Varianten, von denen einige noch nicht einmal aus Reis hergestellt sind. Er wird meist pur getrunken und kann je nach Jahreszeit, Qualität und Vorliebe kalt, warm oder heiß serviert werden. Traditionell schenkt man Sake aus einer kleinen Keramikflasche in eine flache Schale ein. Es existieren zahlreiche Trinkrituale; so gilt es etwa als Zeichen der Freundschaft, aus der Schale eines anderen zu trinken.

SHOCHU

Shochu ist ein klares japanisches Destillat aus Reis oder Süßkartoffeln und ähnelt dem Wodka.

SOJU

Soju ist ein klarer Reisbrand aus Korea, der geschmacklich an leicht süßen Wodka erinnert und einen Alkoholgehalt von 20 bis 45 Vol.-% hat.

GETRÄNKE AUS BOHNEN UND BLÄTTERN

KAFFEE

Für Kaffee werden die gerösteten und gemahlenen Bohnen der Kaffeepflanze mit heißem Wasser aufgegossen. Dies geschieht auf die verschiedensten Weisen durch Filtern, Kochen oder hohen Dampfdruck. Die Kaffeezubereitung ist mit einer ganzen Kultur verbunden. Das koffeinhaltige Getränk dient häufig zum Aromatisieren von Likören. Aus heißem Kaffee, Irish Whiskey, Zucker und Schlagsahne mixt man den beliebten Irish Coffee.

Bekannte Kaffeeliköre sind unter anderem der mexikanische Kahlúa mit einem Alkoholgehalt von 25 Vol.-% und der jamaikanische Tia Maria auf Rumbasis mit 26,5 Vol.-% Alkohol, der mit den edelsten jamaikanischen Blue-Mountain-Bohnen aromatisiert ist.

TEE

Tee entsteht durch Aufgießen der getrockneten Blätter des Teestrauchs mit heißem Wasser. Oft gibt man noch Zucker, manchmal auch Milch oder Zitronensaft ins heiße Getränk, aber man kann Tee auch kalt stellen und mit Zucker und einer Zitronenspalte als Eistee servieren.

WASSER

MINERALWASSER

Mineralwasser enthält grundsätzlich Mineralien, zum Beispiel Salze. Die Mineralien können im Quellwasser enthalten sein oder auch vor der Abfüllung zugesetzt werden, wobei die Herstellung in den meisten Ländern streng geregelt ist. Mineralwasser kann still sein, also ohne Kohlensäure, sowie natürliche oder künstlich zugesetzte Kohlensäure enthalten. Sodawasser ist sehr ähnlich, enthält aber eine erhöhte Menge an Natron und wird häufig für Cocktails verwendet.

Bekannte deutsche Mineralwassermarken sind unter anderem Staatlich Fachingen, Apollinaris und Selters, aus Frankreich kommen die stillen Wässer Evian und Volvic sowie das sprudelnde Perrier und aus Italien das vor allem in Restaurants beliebte San Pellegrino.

TONIC WATER

Dieses kohlensäurehaltige Wasser enthält Chinin, das ursprünglich dazu diente, auf den damaligen Zielmärkten in Afrika und Indien vor Malaria zu schützen. Die modernen Versionen enthalten allerdings nur noch geringe Mengen Chinin, das dem Getränk einen bittersüßen Geschmack verleiht. Dadurch passt es gut zu Gin und Wodka. Bekannte Marken sind Canada Dry und Schweppes.

MUNTERMACHER

Alle Cocktails, die auf den folgenden Seiten vorgestellt werden, sind fruchtig, spritzig, cremig oder auf Kaffee basierend. Sie bilden die perfekte Begleitung zu einem gemütlichen Brunch, zu dem auch mal ein Cocktail schmeckt.

BANANA DAIQUIRI

Rum und Limettensaft bilden die Grundlage für einen klassischen Daiquiri. Durch die Zugabe von Banane und Sahne entsteht eine reichhaltige Version.

FÜR 1 PERSON
4 cl weißer Rum
1 cl Triple Sec
1 cl Limettensaft
1 cl Sahne
1 TL Zuckersirup
¼ Banane, in Scheiben
1 Limettenspalte

Rum, Triple Sec, Limettensaft, Sahne, Zuckersirup und Banane im Mixer zu einem glatten Drink verarbeiten. Den Daiquiri in ein gekühltes Martiniglas oder Whiskyglas abgießen und mit der Limettenspalte garnieren.

Der Daiquiri zählte zu den Lieblingsdrinks des amerikanischen Schriftstellers Ernest Hemingway und des Präsidenten John F. Kennedy und wurde nach einer kleinen Stadt in Kuba benannt. Angeblich wurde er um 1900 von einem amerikanischen Ingenieur erfunden, der dort tätig war. Er soll keinen Gin mehr gehabt und auf Rum zurückgegriffen haben.

Rum, Limettensaft und etwas Zucker oder Zuckersirup sind die Basis für einen klassischen Daiquiri. Sie können ihn auch mit Eis mixen und einen halb gefrorenen Drink daraus machen oder einfach eine Frucht Ihrer Wahl hinzufügen. Für den Daiquiri ist es besonders wichtig, dass die Limetten mit der Hand ausgepresst wird, damit sich die ätherischen Öle der Schale mit dem Saft vermischen und dem Cocktail ein saures und intensives Aroma verleihen.

MAIDEN'S PRAYER

Dieser Cocktail ähnelt dem Chelsea Sidecar (Seite 168), doch verpasst Ihnen der Orangensaft einen kleinen Extrakick.

FÜR 1 PERSON
2 cl Gin
2 cl Triple Sec
1 TL Orangensaft
1 TL Zitronensaft
1 Zitronenschalenspirale

Gin, Triple Sec, Orangensaft und Zitronensaft mit Eiswürfeln in einen Shaker geben und kräftig schütteln, bis dieser deutlich beschlagen ist. Den Cocktail in ein gekühltes Martiniglas abseihen und mit der Zitronenschale garnieren.

Die Kombination aus Sloe Gin und London Gin verleiht diesem Cocktail eine köstliche Note und Schwung.

BRIDE'S MOTHER

FÜR 1 PERSON
3 cl Sloe Gin
2 cl London Gin
5 cl Grapefruitsaft
1 cl Zuckersirup
1 Zitronenscheibe, halbiert

Sloe Gin, London Gin, Grapefruitsaft und Zuckersirup mit Eiswürfeln in einen Shaker geben und kräftig schütteln, bis dieser deutlich beschlagen ist. Den Cocktail in ein gekühltes Martiniglas abseihen und die halben Zitronenscheiben hineingeben.

SEVENTH HEAVEN

FÜR 1 PERSON
4 cl Gin
1 cl Maraschino
1 cl Grapefruitsaft
1 frischer Minzezweig

Gin, Maraschino und Grapefruitsaft mit Eiswürfeln in einen Shaker geben und kräftig schütteln, bis dieser deutlich beschlagen ist. In ein gekühltes Martiniglas abseihen und mit der frischen Minze garnieren.

MELON BALL

FÜR 1 PERSON
4 cl Wodka
4 cl Midori
8 cl Ananassaft
grob gestoßenes Eis
1 Melonenscheibe

Wodka, Midori und Ananassaft mit Eiswürfeln in ein Rührglas geben und gut verrühren. Ein gekühltes Longdrinkglas zur Hälfte mit gestoßenem Eis füllen und den Cocktail darübergießen. Mit der Melonenscheibe garnieren.

MELON STATE BALL

FÜR 1 PERSON
4 cl Wodka
2 cl Midori
4 cl Orangensaft

Wodka, Midori und Orangensaft mit Eiswürfeln in einem Shaker kräftig schütteln, bis dieser deutlich beschlagen ist. In ein gekühltes Martiniglas abseihen.

GENOA VODKA

FÜR 1 PERSON
4 cl Wodka
2 cl Campari
6 cl Orangensaft
1 Orangenscheibe

Wodka, Campari und Orangensaft mit Eiswürfeln in einen Shaker geben und kräftig schütteln, bis dieser deutlich beschlagen ist. In ein kleines gekühltes Whiskyglas abseihen und mit der Orangenscheibe garnieren.

LAST MANGO IN PARIS ◂

FÜR 1 PERSON
4 cl Wodka
2 cl Framboise
2 cl Limettensaft
¼–½ Mango, geschält, entkernt und gehackt
2 Erdbeeren, halbiert
1 Limettenscheibe
1 ganze Erdbeere (nach Belieben)

Wodka, Framboise, Limettensaft, Mango und halbierte Erdbeeren im Mixer zu einem glatten Drink verarbeiten. In ein gekühltes Martiniglas oder Sourglas gießen und mit der Limettenscheibe und der ganzen Erdbeere garnieren.

BLUE MONDAY

Die wunderbare Farbe und der fruchtige Geschmack dieses Cocktails machen den Montag zum schönsten Tag der Woche.

FÜR 1 PERSON
grob gestoßenes Eis
2 cl Wodka
1 cl Cointreau
1 EL Blue Curaçao

Gestoßenes Eis in ein Rührglas oder einen Krug füllen und Wodka, Cointreau und Blue Curaçao dazugießen. Gut umrühren und in ein Martiniglas abseihen.

LADY

FÜR 1 PERSON
4 cl Gin
2 cl Peach Brandy
2 cl Zitronensaft
1 TL Eiweiß

Gin, Peach Brandy und Zitronensaft mit dem Eiweiß und Eiswürfeln in einen Shaker geben und kräftig schütteln, bis dieser deutlich beschlagen ist. In ein gekühltes Martiniglas abseihen.

BEAGLE

FÜR 1 PERSON
grob gestoßenes Eis
1 Spritzer Kümmelschnaps
1 Spritzer Zitronensaft
4 cl Brandy
2 cl Cranberrysaft

Gestoßenes Eis in ein Rührglas füllen. Kümmelschnaps und Zitronensaft dazugeben, dann Brandy und Cranberrysaft dazugießen. Gut umrühren und in ein Martiniglas abseihen.

WALK TALL

Dieser Cocktail sieht aus und schmeckt wie Orangensaft, doch er hat es in sich!

FÜR 1 PERSON
1 cl weißer Vermouth Sweet
1 ml Gin
1 ml Campari
1 ml Orangenlikör
süßer Orangensaft
1 Spritzer Sodawasser
1 Orangenschalenspirale

Vermouth, Gin, Campari, Orangenlikör und Orangensaft gut mischen und in ein Longdrinkglas mit Eiswürfeln gießen.Nach Belieben Sodawasser zugeben und mit einer Orangenschalenspirale garnieren.

BACHELOR'S BAIT

FÜR 1 PERSON
4 cl Gin
1 TL Grenadine
1 Eiweiß
1 Spritzer Orangenbitter

Gin, Grenadine und Eiweiß mit Eiswürfeln in einen Shaker geben und kräftig schütteln, bis dieser deutlich beschlagen ist. Orangenbitter dazugeben, erneut kurz schütteln und in ein gekühltes Martiniglas abseihen.

STRAWBERRY COLADA ◂

FÜR 1 PERSON
4–6 Eiswürfel, gestoßen
6 cl goldener Rum
8 cl Ananassaft
2 cl Kokoscreme
6 Erdbeeren, entstielt
1 Ananasstück
Erdbeeren

Das gestoßene Eis, Rum, Ananassaft, Kokoscreme und Erdbeeren in einen Mixer geben. Alle Zutaten glatt mixen und den Cocktail ohne Abseihen in ein gekühltes Longdrinkglas gießen. Mit Ananas und Erdbeeren garnieren.

Diese Version der Piña Colada, was so viel wie „abgeseihte Ananas“ bedeutet, wird durch die Zugabe von Erdbeeren besonders fruchtig – und blassrosa.

ESPRESSO GALLIANO ▴

Diese Variante des Irish Coffee ist genau das Richtige für einen Start in den neuen Tag. Am besten schmeckt er ohne die traditionelle Schlagsahne.

FÜR 1 PERSON
4 cl Galliano
starker schwarzer Kaffee, frisch gebrüht
1–2 TL Zucker
Zitronen- oder Orangensaft
1 Orangenschalenspirale

Galliano in ein gewärmtes, hitzebeständiges Glas gießen. Kaffee, Zucker und nach Geschmack einen Spritzer Zitronen- oder Orangensaft dazugeben und verrühren. Mit der Orangenschalenspirale servieren.

WEDDING BELLE ▸

Ob Braut, Bräutigam oder Gast, dieser Cocktail rüstet Sie für den großen Tag.

FÜR 1 PERSON
4 cl Gin
4 cl Dubonnet
2 cl Cherry Brandy
2 cl Orangensaft
1 Orangenschalenspirale

Gin, Dubonnet, Cherry Brandy und Orangensaft mit Eiswürfeln in einem Shaker kräftig schütteln, bis dieser deutlich beschlagen ist. In ein Martiniglas abseihen und mit der Orangenschalenspirale servieren.

BLOODY MARY

FÜR 1 PERSON
4 cl Wodka
8 cl Tomatensaft
1 cl Zitronensaft
2 Spritzer Worcestershiresauce
1 Spritzer Tabasco
grob gestoßenes Eis
Selleriesalz
schwarzer Pfeffer
1 Zitronenspalte
1 Selleriestängel

Wodka, Tomatensaft, Zitronensaft, Worcestershiresauce und Tabasco mit gestoßenem Eis in einen Shaker geben und kräftig schütteln. Mit Selleriesalz und Pfeffer würzen. In ein eisgekühltes Longdrinkglas abseihen und mit der Zitronenspalte und dem Selleriestängel garnieren.

IS THIS ALL? ▸

Überflüssig zu erwähnen, dass diese Kombination aus Zitrusfrüchten für Optimismus am Morgen sorgt.

FÜR 1 PERSON
4 cl Zitronen-Wodka
2 cl Triple Sec
2 cl Zitronensaft
1 Eiweiß

Zitronen-Wodka, Triple Sec, Zitronensaft und Eiweiß mit Eiswürfeln in einem Shaker kräftig schütteln, bis dieser deutlich beschlagen ist. In ein gekühltes Martiniglas abseihen.

FUZZY MARTINI ▲

FÜR 1 PERSON
4 cl Vanille-Wodka
1cl Kaffee-Wodka
1 TL Pfirsichgeist
1 Pfirsichspalte

Vanille-Wodka, Kaffee-Wodka und Pfirsichgeist mit Eiswürfeln in einem Shaker kräftig schütteln, bis dieser deutlich beschlagen ist. In ein gekühltes Martiniglas abseihen und mit der Pfirsichspalte garnieren.

GOLDEN FLIP ▲

Sherry und Mandellikör sind die Basis für diesen Flip, dazu kommt noch ein Schuss Wodka.

FÜR 1 PERSON
2 cl Wodka
2 cl Sherry Sweet
2 cl Amaretto
1 Eigelb
1 EL extrafeiner Zucker
Muskatnuss, gerieben

Alle Zutaten bis auf die Muskatnuss mit Eiswürfeln in einem Shaker kräftig schütteln, bis dieser deutlich beschlagen ist. In ein gekühltes Weinglas abseihen und frisch geriebene Muskatnuss darüberstreuen.

THIS IS IT

Ist er's? Probieren Sie ihn aus.

FÜR 1 PERSON
4 cl Gin
2 cl Triple Sec
2 cl Zitronensaft
1 Eiweiß
grob gestoßenes Eis

Gin, Triple Sec, Zitronensaft und Eiweiß mit gestoßenem Eis in einem Shaker kräftig schütteln, bis dieser deutlich beschlagen ist. Den Cocktail in ein gekühltes Martiniglas abseihen.

POLYNESIA

FÜR 1 PERSON
4 cl weißer Rum
4 cl Maracujasaft
2 cl Limettensaft
1 Eiweiß
1 Spritzer Angostura
grob gestoßenes Eis

Rum, Maracujasaft, Limettensaft und Eiweiß mit gestoßenem Eis und einem Spritzer Angostura in einem Shaker kräftig schütteln, bis dieser deutlich beschlagen ist. In ein gekühltes Martiniglas abseihen.

APPLE BLOSSOM ◂

FÜR 1 PERSON
4 cl Brandy
3 cl Apfelsaft
1 Spritzer Zitronensaft
1 Zitronenscheibe

Brandy, Apfelsaft und Zitronensaft mit Eiswürfeln in ein Rührglas geben und gut umrühren. Ein gekühltes Whiskyglas zur Hälfte mit Eiswürfeln füllen und den Cocktail darüber abseihen. Mit der Zitronenscheibe garnieren.

PASSIONATE DAIQUIRI ◂

Diese Abwandlung des traditionellen Daiquiri verbindet Rum und Limette mit dem delikaten Geschmack der Maracuja.

FÜR 1 PERSON
4 cl weißer Rum
2 cl Limettensaft
1 cl Maracujasirup
1 Cocktailkirsche

Rum, Limettensaft und Maracujasirup mit Eiswürfeln in einem Shaker kräftig schütteln, bis dieser deutlich beschlagen ist. In ein gekühltes Martiniglas abseihen und mit der Cocktailkirsche garnieren.

CREAMY SCREWDRIVER ▴

Durch das Eiweiß erhalten Sie einen kräftigen Schub Protein und sind für den Tag gerüstet.

FÜR 1 PERSON
4 cl Wodka
fein gestoßenes Eis
12 cl Orangensaft
1 Eigelb
½ TL Zuckersirup
grob gestoßenes Eis
½ Orangenscheibe

Wodka, fein gestoßenes Eis, Orangensaft, Eigelb und Zuckersirup in einen Mixer geben und glatt mixen. Ein gekühltes Longdrinkglas zur Hälfte mit dem grob gestoßenen Eis füllen und den Cocktail ohne Abseihen darübergießen. Mit der Orangenscheibe garnieren.

TITANIC

Ein echter Eisberg würde diesem Cocktail zwar große Authentizität verleihen, doch gestoßenes Eis reicht aus.

FÜR 1 PERSON
6 cl Mandarinenlikör
4 cl Wodka
grob gestoßenes Eis
kohlensäurehaltiges Mineralwasser

Mandarinenlikör und Wodka mit Eiswürfeln in einen Shaker geben und kräftig schütteln, bis dieser deutlich beschlagen ist. Ein gekühltes Longdrinkglas oder Whiskyglas zur Hälfte mit gestoßenem Eis füllen und den Cocktail darüberseihen. Mit Mineralwasser auffüllen.

SLOW COMFORTABLE SCREW

FÜR 1 PERSON
4 cl Sloe Gin
Orangensaft
grob gestoßenes Eis
1 Orangenscheibe

Sloe Gin und Orangensaft mit gestoßenem Eis in einem Shaker kräftig schütteln, bis dieser deutlich beschlagen ist, und den Cocktail in ein gekühltes Longdrinkglas gießen. Mit der Orangenscheibe garnieren.

Der einfache, klassische Screw hat zu zahlreichen und immer raffinierteren Variationen geführt. Verwenden Sie für diesen erfrischenden Cocktail stets frisch gepressten Orangensaft.

MEXICOLA ▾

FÜR 1 PERSON
grob gestoßenes Eis
4 cl Tequila
2 cl Limettensaft
Cola
1 Limetten- oder Zitronenscheibe

Ein gekühltes Longdrinkglas zur Hälfte mit gestoßenem Eis füllen. Tequila und Limettensaft über das Eis gießen und mit Cola auffüllen. Kurz umrühren und mit der Limetten- oder Zitronenscheibe garnieren.

BOURBON MILK PUNCH ▴

FÜR 1 PERSON
4 cl Bourbon
6 cl Milch
1 TL flüssiger Honig
1 Tropfen Vanillearoma
frisch geriebene Muskatnuss

Bourbon, Milch, Honig und Vanillearoma mit Eiswürfeln in einem Shaker kräftig schütteln, bis dieser deutlich beschlagen ist. In ein gekühltes Longdrinkglas oder Whiskyglas abseihen und frisch geriebene Muskatnuss darüberstreuen.

LEMON SHERBET ▸

Diesen köstlichen, schaumigen, dickflüssigen Drink sollten Sie vielleicht sogar mit einem Löffel genießen.

FÜR 1 PERSON
4 cl Gin
2 cl Zitronensaft
2 cl Sahne
1 cl Orange Curaçao
1 TL extrafeiner Zucker
1 Spritzer Orangenblütenwasser
gestoßenes Eis

Alle Zutaten in einen Mixer geben und 10–15 Sekunden mixen. In ein gekühltes Whiskyglas oder Longdrinkglas gießen und mit Strohhalmen servieren.

DIAMOND FIZZ

FÜR 1 PERSON
4 cl Gin
1 cl Zitronensaft
1 TL Zuckersirup
Champagner, gekühlt

Gin, Zitronensaft und Zuckersirup mit Eiswürfeln in einen Shaker geben und kräftig schütteln, bis dieser deutlich beschlagen ist. In eine gekühlte Sektflöte abseihen und mit Champagner auffüllen.

KIRSCH RICKEY ▸

Das auffälligste Merkmal eines Rickey ist seine erfrischende Schärfe. Doch hier verleihen ihm das Kirschwasser und die Kirschen etwas Süße.

FÜR 1 PERSON
gestoßenes Eis
4 cl Kirschwasser
1 EL Limettensaft
kohlensäurehaltiges Mineralwasser
Cocktailkirschen oder Oliven, entsteint

Kirschwasser und Limettensaft in ein gekühltes und zur Hälfte mit gestoßenem Eis gefülltes Whiskyglas gießen. Mit Mineralwasser auffüllen und kurz umrühren. Mit den Kirschen oder Oliven garnieren.

MISSISSIPPI MULE ◂

Der Mississippi Mule besteht zwar aus ganz anderen Zutaten als sein besser bekannter Vetter Moscow Mule (Seite 156), doch sorgt auch er für einen Energieschub.

FÜR 1 PERSON
4 cl Gin
1 cl Crème de Cassis
1 cl Zitronensaft

Gin, Crème de Cassis und Zitronensaft mit Eiswürfeln in einen Shaker geben und kräftig schütteln, bis dieser deutlich beschlagen ist. In ein gekühltes Whiskyglas abseihen.

HARLEM ▴

FÜR 1 PERSON
4 cl Gin
3 cl Ananassaft
1 TL Maraschino
1 EL frisch gehackte Ananas
1 Ananasblatt

Gin, Ananassaft und Maraschino in einem Shaker mit Eiswürfeln kräftig schütteln. Ananas dazugeben und erneut kräftig schütteln, bis der Shaker deutlich beschlagen ist. In ein gekühltes Whiskyglas abseihen und mit dem Ananasblatt garnieren.

ORANGE BLOSSOM

FÜR 1 PERSON
4 cl Gin
4 cl Orangensaft
grob gestoßenes Eis
1 Orangenscheibe

Gin und Orangensaft mit gestoßenem Eis in einen Shaker geben und kräftig schütteln, bis dieser deutlich beschlagen ist. In ein gekühltes Martiniglas abseihen und mit der Orangenscheibe garnieren.

CHANGUIRONGO ▲

FÜR 1 PERSON
grob gestoßenes Eis
4 cl weißer Tequila
Ginger Ale
½ Limetten- oder Zitronenscheibe

Ein gekühltes Longdrinkglas zur Hälfte mit gestoßenem Eis füllen. Tequila dazugießen und mit Ginger Ale auffüllen. Kurz umrühren und mit der Limetten- oder Zitronenscheibe garnieren.

Während der Prohibition wurde Gin nicht selten buchstäblich in der Badewanne hergestellt und mit Orangensaft aromatisiert, um den unsauberen Geschmack zu überdecken. Verwendet man für den Orange Blossom jedoch einen guten Gin, schmeckt er überaus erfrischend.

DUKE ▲

Ein angenehm erfrischender Cocktail – einfach Orangensaft und Champagner – ist der Buck's Fizz. Der Duke ist ähnlich, doch verstärkt der Triple Sec den Orangengeschmack und die anregende Wirkung.

FÜR 1 PERSON
2 cl Triple Sec
1 cl Zitronensaft
1 cl Orangensaft
1 Eiweiß
1 Spritzer Maraschino
Champagner oder Sekt, gekühlt

Triple Sec, Zitronensaft, Orangensaft, Eiweiß und Maraschino mit Eiswürfeln in einen Shaker geben und kräftig schütteln. In ein gekühltes Weinglas abseihen und mit dem Champagner oder Sekt auffüllen.

MILLIONAIRE MIX ▲

FÜR 1 PERSON
2 cl Rye Whiskey
1 cl Grenadine
1 cl Curaçao
½ Eiweiß
1 Spritzer Pernod

Rye Whiskey, Grenadine, Curaçao und Eiweiß mit Eiswürfeln in einem Shaker kräftig schütteln. In ein Weinglas abseihen zum Schluss einen Spritzer Pernod dazugeben.

CLOVER CLUB

FÜR 1 PERSON
4 cl Gin
2 cl Limettensaft
2 cl Grenadine
1 Eiweiß

Gin, Limettensaft und Grenadine mit Eiswürfeln in einen Shaker geben. Eiweiß hinzufügen und kräftig schütteln, bis der Shaker deutlich beschlagen ist. In ein gekühltes Martiniglas abseihen.

WHY NOT? ▸

FÜR 1 PERSON
grob gestoßenes Eis
1 Spritzer Zitronensaft
4 cl Gin
2 cl Peach Brandy
2 cl Noilly Prat
1 Zitronenschalenspirale

Gestoßenes Eis in ein Rührglas geben und etwas Zitronensaft darüberspritzen. Gin, Peach Brandy und Noilly Prat dazugießen und umrühren. In ein gekühltes Martiniglas abseihen. Mit der Zitronenschalenspirale servieren.

PLANTER'S TEA ◂

Dieser erfrischende Cocktail bringt Sie mit Sicherheit in Schwung.

FÜR 4 PERSONEN
4 cl starker schwarzer Tee
4 cl brauner Rum
300 ml Orangensaft
150 ml frischer Zitronensaft
extrafeiner Zucker, nach Belieben
Orangenscheiben

Tee, Rum, Orangensaft und Zitronensaft miteinander vermischen. Langsam erhitzen, nach Belieben süßen und mit den Orangenscheiben in einem Irish-Coffee-Glas oder Becher servieren.

ACADEMIA DA CACHAÇA

RIO DE JANEIRO

In dieser schlichten Bar in Rio wurden bereits Caipirinhas gemixt, lange bevor der brasilianische Drink ein weltweiter Standard wurde.

Der klassisch und doch lässig eingerichtete Ort ist eine Offenbarung für all diejenigen, die meinen, ein Caipirinha sei einfache eine Mischung aus Limette, Zucker, Eis und dem Zuckerrohrschnaps Cachaça. Tatsächlich gibt es jedoch viele Sorten Cachaça und nirgendwo eine größere Auswahl als hier. Die Caipirinhas der *Academia*, die auf 22 Jahre Bargeschichte zurückblickt, gelten immer noch als die besten in ganz Brasilien. Hier mixt man das Destillat auch in andere preisgekrönte Cocktails. Unter der ungewöhnlichen Deckendekoration aus einer aus Bast gefertigten brasi-

BERÜHMT FÜR

CAIPIRINHAS UND CACHAÇA

CAIPIRINHA ACADÊMICA

Caipirinha Acadêmica bezeichnet einen Cocktail aus zerstampfter Zitronatzitrone, Honig und Cachaça Seleta, einem Zuckerrohrdestillat. Der Cocktail ist, genau wie der aus dem brasilianischen Bundesstaat Minas Gerais hergestellte Seleta, der Renner in der *Academia da Cachaça*.

FÜR 1 PERSON
- 2 Zitronatzitronen (diese Frucht ähnelt einer Zitrone und besitzt eine höchst aromatische Schale)
- 100 g Honig
- 6 cl Cachaça Seleta

Die Zitronatzitronen waschen, in Stücke schneiden und in ein Glas geben. Mit dem Honig beträufeln. Die Zitronenstücke mit der Fruchtfleischseite nach oben mit einem Stößel zerdrücken. Den Cachaça dazugießen und umrühren. Eiswürfel hinzufügen und erneut rühren.

„Wichtig ist, dass man die richtige Frucht wählt und sie so verarbeitet, dass man möglichst viel Aroma erhält. Dann konzentriert man sich darauf, Cachaça, Eis und Zucker richtig zu dosieren."

Antonio Marcos, Barmann

lianischen Flagge präsentiert die Bar eine Liebhabersammlung aus 2000 Cachaça-Flaschen, die thematisch aufgestellt die 130-jährige Geschichte des Caipirinha erzählt. Die Liste der Drinks ist kaum weniger üppig und beinhaltet etwa hundert unterschiedliche regionale Cachaças, neben Gewürz- und Obst-Varianten. Die älteste Flasche stammt aus dem Jahr 1875. Zahlreiche traditionell hergestellte Destillate finden sich hier sowie ein Lua Cheia, ein fruchtiger goldfarbener Likör. Maracuja- und Batida-de-Coco-Cocktails werden mit frischen Fruchtstücken und Säften serviert.

Die Partner Edméa Falcão, Renata Quinderé und Hélcio Santos haben ihr Ziel, dem Cachaça die ihm zustehende Bedeutung zu verleihen, in der Tat erreicht. Die *Academia* ist auch ein viel gepriesenes Restaurant, in dem nordostbrasilianische Spezialitäten serviert werden.

ACADEMIA DA CACHAÇA
Rua Conde Bernadotte 26
(Loja G)
Leblon
CEP 22430-200
Rio de Janeiro
Brasilien
+ 55 21 2529 2680
www.academiadacachaca.com.br

Täglich geöffnet
12.00 Uhr bis der letzte Gast geht

ENTSPANNTE MOMENTE

In der heutigen Zeit bleibt oft viel zu wenig Zeit zum Entspannen. Doch wenn Sie einmal am Swimmingpool relaxen, mit Freunden im Park picknicken oder bequem auf dem Sofa liegend in einem Magazin blättern möchten, dann sollten Sie sich unbedingt mit einem dieser köstlichen Cocktails verwöhnen.

FROZEN MINT JULEP

Der genaue Ursprung des Mint Julep ist nicht mehr bekannt, aber der Cocktail wurde wohl erstmals im 18. Jahrhundert im Süden der USA zubereitet.

FÜR 1 PERSON
gestoßenes Eis
4 cl Bourbon
2 cl Zitronensaft
2 cl Zuckersirup
6 frische Minzeblätter
1 frischer Minzezweig

Gestoßenes Eis in einen Mixer oder eine Küchenmaschine geben. Bourbon, Zitronensaft, Zuckersirup und frische Minzeblätter hinzufügen und zu einem halb gefrorenen Drink verarbeiten. In ein gekühltes Whiskyglas gießen und mit dem Minzezweig garnieren.

Das Wort Julep stammt vermutlich vom arabischen „julab“ ab, was „Rosenwasser“ bedeutet. Seit spätestens dem 15. Jahrhundert bezeichnete der Julep ein süßes, medizinisches Getränk, heute gilt der Mint Julep als uramerikanischer Drink der Südstaaten. Traditionell wird er in einem speziellen Julep-Becher aus Silber oder Zinn serviert, der nur am unteren oder oberen Rand gehalten wird, damit das Kondenswasser gefrieren kann. Sollten Sie jedoch kein derartiges Trinkgefäß zur Hand haben, erfüllt auch ein Collins-Glas seinen Zweck. Verwenden Sie unbedingt einen guten Whiskey und frische Minze.

STAR DAISY ▸

Der Daisy ist ein Cocktail mit einem hohen Alkoholanteil, der mit Sirup gesüßt wird.

FÜR 1 PERSON
4 cl Gin
3 cl Apple Brandy
3 cl Zitronensaft
1 TL Zuckersirup
½ TL Triple Sec
Sodawasser

Gin, Apple Brandy, Zitronensaft, Zuckersirup und Triple Sec mit Eiswürfeln in einen Shaker geben und kräftig schütteln. In ein gekühltes Whiskyglas abseihen und mit Sodawasser auffüllen.

GIN SLINGER ◂

FÜR 1 PERSON
1 TL Zucker
2 cl Zitronensaft
1 TL Wasser
4 cl Gin
Orangenschale

Zucker, Zitronensaft und Wasser verrühren, bis sich der Zucker aufgelöst hat. Gin dazugießen und umrühren. Ein gekühltes Whiskyglas zur Hälfte mit Eiswürfeln füllen und den Cocktail darüber abgießen. Mit der Orangenschale garnieren.

BRANDY CUBAN ▸

FÜR 1 PERSON
3 cl Brandy
1 cl Limettensaft
Cola
1 Limettenspalte

Brandy und Limettensaft in ein zur Hälfte mit Eiswürfeln gefülltes Whiskyglas gießen. Mit Cola auffüllen und kurz umrühren. Mit der Limettenspalte garnieren.

CRANBERRY COLLINS

Dieser klassische Collins-Drink wird mit Gin zubereitet, doch werden viele Abwandlungen mit anderen Spirituosen hergestellt. Testen Sie deshalb am besten zuerst einmal diesen Collins.

FÜR 1 PERSON
4 cl Wodka
1,5 cl Elderflower Cordial
6 cl Cranberry-Apfel-Saft
Sodawasser
1 Limettenscheibe

Wodka, Elderflower Cordial und Cranberry-Apfel-Saft mit Eiswürfeln in einem Shaker kräftig schütteln, bis dieser deutlich beschlagen ist. In ein mit weiteren Eiswürfeln gefülltes Longdrinkglas abseihen und nach Belieben mit Sodawasser auffüllen. Mit der Limettenscheibe garnieren.

JAMAICA MULE

FÜR 1 PERSON
4 cl weißer Rum
2 cl brauner Rum
2 cl goldener Rum
2 cl Falernum
2 cl Limettensaft
Ginger Beer
Ananasstücke
kandierter Ingwer

Weißen, braunen und goldenen Rum, Falernum und Limettensaft mit Eiswürfeln in einen Shaker geben und kräftig schütteln, bis dieser deutlich beschlagen ist. Den Cocktail in ein gekühltes Longdrinkglas abseihen und mit Ginger Beer auffüllen. Mit Ananasstücken und kandiertem Ingwer garnieren.

BLINKER

FÜR 1 PERSON
4 cl Rye Whiskey
5 cl Grapefruitsaft
1 TL Grenadine

Rye Whiskey, Grapefruitsaft und Grenadine mit Eiswürfeln in einen Shaker geben und kräftig schütteln, bis dieser deutlich beschlagen ist. In ein gekühltes Martiniglas abseihen.

Der Falernum, eine Zutat des Jamaica Mule, ist ein süßer, leicht alkoholischer, relativ dicker Sirup, der mit Ingwer, Mandeln und Limetten und manchmal auch mit Nelken, Piment oder Vanille aromatisiert wird.

GIN SLING COCKTAIL

FÜR 1 PERSON
große Eiswürfel
Saft einer ¾ Zitrone
½ EL Puderzucker
2 cl Gin
stilles Wasser
1 Zitronenscheibe
1 Spritzer Angostura

Eiswürfel, Zitronensaft, Puderzucker und Gin in ein Whiskyglas geben. Mit dem Wasser auffüllen. Die Zitronenscheibe und einen Spritzer Angostura dazugeben.

RUM DAISY

FÜR 1 PERSON
4 cl goldener Rum
2 cl Zitronensaft
1 TL Zuckersirup
½ TL Grenadine
grob gestoßenes Eis
1 Orangenscheibe

Rum, Zitronensaft, Zuckersirup und Grenadine mit Eiswürfeln in einen Shaker geben und kräftig schütteln, bis dieser deutlich beschlagen ist. Ein gekühltes Whiskyglas zur Hälfte mit gestoßenem Eis füllen und den Cocktail darüberseihen. Mit einer Orangenscheibe garnieren.

BANANA COLADA ◂

FÜR 1 PERSON
4–6 Eiswürfel, gestoßen
4 cl weißer Rum
8 cl Ananassaft
2 cl Malibu
1 kleine Banane, in Scheiben
Ananasstücke

Das gestoßene Eis mit Rum, Ananassaft, Malibu und den Bananenscheiben in einen Mixer geben. Glatt mixen und anschließend ohne Abseihen in ein gekühltes Longdrinkglas gießen und mit Ananasstücken und einem Strohhalm servieren.

Long Island Iced Tea – ursprünglich Wodka mit einem Spritzer Cola – geht auf die Prohibition zurück und wurde damals aus Teetassen getrunken, um dem „Bureau of Alcohol, Tobacco and Firearms" vorzugaukeln, es handle sich um Eistee.

LONG ISLAND ICED TEA

FÜR 1 PERSON
4 cl Wodka
2 cl Gin
2 cl weißer Tequila
2 cl weißer Rum
1 cl weiße Crème de Menthe
4 cl Zitronensaft
1 TL Zuckersirup
grob gestoßenes Eis
Cola
1 Limetten- oder Zitronenscheibe

Wodka, Gin, Tequila, Rum, Crème de Menthe, Zitronensaft und Zuckersirup mit Eiswürfeln in einen Shaker geben und kräftig schütteln. In ein mit gestoßenem Eis gefülltes Longdrinkglas abseihen und mit Cola auffüllen. Mit der Limetten- oder Zitronenscheibe garnieren.

BRANDY JULEP

FÜR 1 PERSON
grob gestoßenes Eis
4 cl Brandy
1 TL Zuckersirup
4 frische Minzeblätter
1 frischer Minzezweig
1 Zitronenscheibe

Ein gekühltes Whiskyglas mit gestoßenem Eis füllen. Brandy, Zuckersirup und Minzeblätter dazugeben und gut umrühren. Den Cocktail mit dem Minzezweig und der Zitronenscheibe garnieren.

Wenn Sie bei einem Cuban Special den Ananassaft weglassen, wird er zu einem Cuban Sidecar! Der Saft macht den Drink zu einem Longdrink – das passt perfekt zu einem Nachmittag in der Sonne.

CUBAN SPECIAL

FÜR 1 PERSON
4 cl Rum
2 cl Limettensaft
1 EL Ananassaft
1 TL Triple Sec
1 Ananasstück

Rum, Limettensaft, Ananassaft und Triple Sec mit Eiswürfeln in einen Shaker geben und kräftig schütteln, bis dieser deutlich beschlagen ist. In ein gekühltes Martiniglas abseihen und mit dem Ananasstück garnieren.

ROYAL WEDDING ▲

FÜR 1 PERSON
2 cl Kirschwasser
2 cl Peach Brandy
2 Orangensaft

Kirschwasser, Peach Brandy und Orangensaft mit Eiswürfeln in einen Shaker geben und kräftig schütteln, bis dieser deutlich beschlagen ist. In ein gekühltes Martiniglas abseihen.

PALM BEACH ▲

Wenn Sie schon lange keinen Urlaub mehr gemacht haben, rufen Sie sich mit diesem sonnigen Cocktail den blauen Himmel und die Brandung des Meeres in Erinnerung.

FÜR 1 PERSON
grob gestoßenes Eis
2 cl weißer Rum
2 cl Gin
2 cl Ananassaft
Ananasblätter

Rum, Gin und Ananassaft mit gestoßenem Eis in einen Shaker geben und kräftig schütteln, bis dieser deutlich beschlagen ist. In ein gekühltes Longdrinkglas gießen und mit Ananasblättern garnieren.

JOCOSE JULEP

FÜR 1 PERSON
4–6 Eiswürfel, gestoßen
6 cl Bourbon
2 cl grüne Crème de Menthe
3 cl Limettensaft
1 TL Zuckersirup
5 frische Minzeblätter
grob gestoßenes Eis
kohlensäurehaltiges Mineralwasser
1 frischer Minzezweig

Das Eis in einen Mixer oder eine Küchenmaschine füllen. Bourbon, Crème de Menthe, Limettensaft, Zuckersirup und Minzeblätter dazugeben und glatt mixen. Ein Whiskyglas mit dem grob gestoßenen Eis füllen und den Cocktail darübergießen. Mit Mineralwasser auffüllen und kurz umrühren. Mit dem Minzezweig garnieren.

In Virginia sagt man, der Julep sei ein Gemütszustand. Bedenkt man, dass das Wort „jocose" so viel wie „vergnügt" bedeutet, bekommt man eine Vorstellung von dem, was ein Jocose Julep ist.

BIRD OF PARADISE COOLER

FÜR 1 PERSON
4 cl Gin
2 cl Zitronensaft
1 TL Grenadine
1 TL Zuckersirup
1 Eiweiß
grob gestoßenes Eis
kohlensäurehaltiges Mineralwasser

Gin, Zitronensaft, Grenadine, Zuckersirup und Eiweiß mit Eiswürfeln in einen Shaker geben und kräftig schütteln, bis dieser deutlich beschlagen ist. Ein gekühltes Whiskyglas zur Hälfte mit gestoßenem Eis füllen und den Cocktail darübergießen. Mit Mineralwasser auffüllen.

AMBROSIA ◂

FÜR 1 PERSON
3 cl Brandy
3 cl Apple Brandy
½ TL Himbeersirup
Champagner, gekühlt
1 Himbeere

Brandy, Apple Brandy und Himbeersirup mit Eiswürfeln in einen Shaker geben und kräftig schütteln, bis dieser deutlich beschlagen ist. In ein gekühltes Weinglas abseihen. Mit Champagner auffüllen und mit der Himbeere garnieren.

PARADISE ▸

FÜR 1 PERSON
4 cl Apricot Brandy
2 cl Gin
3 cl Orangensaft
½ TL Grenadine

Apricot Brandy, Gin, Orangensaft und Grenadine mit Eiswürfeln in einen Shaker geben und kräftig schütteln, bis dieser deutlich beschlagen ist. In ein gekühltes Martiniglas abseihen.

Die klassische Piña Colada wurde in den 1950er-Jahren in Puerto Rico erfunden. In der Regel besteht sie aus weißem Rum, Ananassaft und Kokoscreme. Diese Version ist stärker, da sie auch braunen Rum enthält. Durch die Sahne wird sie außerdem reichhaltiger.

AMIGOS PIÑA COLADA ◂

FÜR 4 PERSONEN
10–12 Eiswürfel, gestoßen
250 ml weißer Rum
300 ml Ananassaft
100 ml Kokoscreme
4 cl brauner Rum
4 cl Sahne
Ananastücke
Cocktailkirschen

Das gestoßene Eis mit weißem Rum, Ananassaft, Kokoscreme, braunem Rum und Sahne in einen Mixer geben und fein mixen. Die Piña Colada ohne Abseihen in gekühlte Whiskygläser oder Hurricanegläser gießen und die Gläser mit Ananas und Cocktailkirschen garnieren.

GRAND BAHAMA ▸

FÜR 1 PERSON
2 cl weißer Rum
1 cl Brandy
1 cl Triple Sec
2 cl Limettensaft
1 Limettenscheibe

Rum, Brandy, Triple Sec und Limettensaft mit Eiswürfeln in einen Shaker geben und kräftig schütteln, bis dieser deutlich beschlagen ist. In ein gekühltes Martiniglas abseihen. Mit der Limettenscheibe garnieren.

CHICA CHICA

FÜR 1 PERSON
4 cl Himbeer-Wodka
2 cl Vermouth de Chambéry (weißer Vermouth)
4 cl Cranberry-Himbeer-Saft
gestoßenes Eis
2 cl Apfelsaft
Zitronenlimonade
Apfelscheiben

Himbeer-Wodka, Vermouth de Chambéry, Cranberry-Himbeer-Saft und gestoßenes Eis in einem gekühlten Longdrinkglas gut verrühren. Den Apfelsaft dazugießen, umrühren und den Cocktail nach Belieben mit Zitronenlimonade auffüllen. Mit Apfelscheiben garnieren.

Sie können aromatisierte Wodkas leicht selbst herstellen. Geben Sie sie einige Himbeeren, Blaubeeren, getrocknete Aprikosen, ein Stück Limettenschale oder auch ein Stückchen Chilischote in eine Flasche Wodka und lassen sie ihn 12 Stunden ziehen.

Der Zombie kennt zahlreiche Abwandlungen. Meist besteht er aus drei Rumsorten und verschiedenen Fruchtkombinationen. Seinen Namen hat er von seiner offensichtlichen Wirkung auf den Trinkenden.

KLONDIKE COOLER ◂

Natürlich können Sie diesen Cocktail auch mit Ihrem Lieblingswhiskey herstellen.

FÜR 1 PERSON
½ TL extrafeiner Zucker
2 cl Ginger Ale
grob gestoßenes Eis
4 cl Blended American Whiskey
kohlensäurehaltiges Mineralwasser
Zitronenzesten

Den Zucker in ein gekühltes Longdrinkglas geben und Ginger Ale dazugießen. Umrühren, bis sich der Zucker aufgelöst hat, dann das Glas mit gestoßenem Eis füllen. Blended American Whiskey darübergießen und mit Mineralwasser auffüllen. Vorsichtig umrühren und mit den Zitronenzesten garnieren.

WALKING ZOMBIE ▴

FÜR 1 PERSON
2 cl weißer Rum
2 cl goldener Rum
2 cl brauner Rum
2 cl Apricot Brandy
2 cl Limettensaft
2 cl Ananassaft
1 TL Zuckersirup
grob gestoßenes Eis
Orangen- und Limettenscheiben

Weißen, goldenen und braunen Rum, Apricot Brandy, Limettensaft, Ananassaft und Zuckersirup mit Eiswürfeln in einen Shaker geben und kräftig schütteln, bis dieser deutlich beschlagen ist. Ein gekühltes Longdrinkglas zur Hälfte mit dem Eis füllen und den Cocktail darübergießen. Mit den Orangen- und Limettenscheiben garnieren.

A. J. SHAKE

Wie sich aus der Zutatenliste entnehmen lässt, steht „A. J." für Applejack. Genauso gut können Sie aber auch Calvados nehmen.

FÜR 1 PERSON
3 cl Applejack
2 cl Grapefruitsaft

Applejack und Grapefruitsaft mit Eiswürfeln in einen Shaker geben und kräftig schütteln, bis dieser deutlich beschlagen ist. In ein gekühltes Martiniglas abseihen.

SWEET SINGAPORE SLING

FÜR 1 PERSON
2 cl Gin
4 cl Cherry Brandy
1 Spritzer Zitronensaft
grob gestoßenes Eis
Sodawasser
1 Cocktailkirsche

Gin, Cherry Brandy und einen Spritzer Zitronensaft mit Eiswürfeln in einen Shaker geben und kräftig schütteln, bis dieser deutlich beschlagen ist. Ein gekühltes Whiskyglas mit gestoßenem Eis füllen und den Cocktail darüber abseihen. Mit Sodawasser auffüllen und mit der Cocktailkirsche garnieren.

Der klassische Singapore Sling wird noch heute im *Raffles Hotel* in Singapur serviert, wo er Anfang des 20. Jahrhunderts erfunden wurde. Das Original enthielt Bénédictine, aber der Cherry Brandy in dieser Variante gewährleistet, dass der Cocktail seinen traditionellen pink-rosa Farbton behält.

ZOMBIE PRINCE ◂

FÜR 1 PERSON
1 Spritzer Angostura
2 cl weißer Rum
2 cl goldener Rum
2 cl brauner Rum
1 cl Zitronensaft
1 cl Orangensaft
1 cl Grapefruitsaft
1 TL brauner Zucker

Einen Spritzer Angostura in ein Rührglas mit Eiswürfeln geben. Weißen, goldenen und braunen Rum, Zitronensaft, Orangensaft und Grapefruitsaft sowie den braunen Zucker hinzufügen. Gut umrühren und in ein gekühltes Longdrinkglas füllen.

SEX ON THE BEACH

Urlaubsdrinks sind häufig fruchtige Longdrinks. Dieser Cocktail erinnert an Strand und Sonne.

FÜR 1 PERSON
2 cl Pfirsichgeist
2 cl Wodka
4 cl frischer Orangensaft
6 cl Cranberry-Pfirsich-Saft
gestoßenes Eis
1 Spritzer Zitronensaft
Orangenschale

Pfirsichgeist, Wodka, Orangensaft und Cranberry-Pfirsich-Saft mit Eiswürfeln in einen Shaker geben und kräftig schütteln. In ein mit gestoßenem Eis gefülltes Longdrinkglas abseihen und einen Spritzer Zitronensaft darübergeben. Mit der Orangenschale garnieren.

WHITE LION ▴

FÜR 1 PERSON
4–6 Eiswürfel, grob gestoßen
1 Spritzer Angostura
1 Spritzer Grenadine
4 cl weißer Rum
2 cl Zitronensaft
1 TL Zuckersirup

Das gestoßene Eis mit Angostura, Grenadine, Rum, Zitronensaft und Zuckersirup in einen Shaker geben und kräftig schütteln. In ein gekühltes Martiniglas abseihen.

TEQUILA FIZZ ▸

Ein Fizz enthält mindestens einen Fruchtsaft und wird mit einem kohlensäurehaltigen Softdrink aufgefüllt. Er wird stets geschüttelt und nicht gerührt.

FÜR 1 PERSON
6 cl weißer Tequila
2 cl Grenadine
2 cl Limettensaft
1 Eiweiß
grob gestoßenes Eis
Ginger Ale

Tequila, Grenadine, Limettensaft und Eiweiß mit Eiswürfeln in einen Shaker geben und kräftig schütteln, bis dieser deutlich beschlagen ist. Ein gekühltes Longdrinkglas oder Whiskyglas zur Hälfte mit gestoßenem Eis füllen und den Cocktail darüber abseihen. Mit Ginger Ale auffüllen.

BELLE COLLINS

FÜR 1 PERSON
3 frische Minzezweige
4–6 Eiswürfel, gestoßen
4 cl Gin
2 cl Zitronensaft
1 TL Zuckersirup
kohlensäurehaltiges Mineralwasser

Zwei der Minzezweige zerstoßen und in ein gekühltes Longdrinkglas geben. Das gestoßene Eis hinzufügen und Gin, Zitronensaft und Zuckersirup dazugießen. Mit Mineralwasser auffüllen, vorsichtig umrühren und mit dem übrigen Minzezweig garnieren.

COUSIN COLLINS

FÜR 1 PERSON
4 cl Applejack oder Calvados
2 cl Zitronensaft
½ TL Zuckersirup
gestoßenes Eis
1 Spritzer Orangenbitter
kohlensäurehaltiges Mineralwasser
Zitronenscheiben

Applejack oder Calvados, Zitronensaft und Zuckersirup mit gestoßenem Eis und einem Spritzer Orangenbitter in einen Mixer geben und bei mittlerer Geschwindigkeit 10 Sekunden mixen. In ein gekühltes Whiskyglas gießen und mit Mineralwasser auffüllen. Vorsichtig umrühren und mit den Zitronenscheiben garnieren.

MAGNA CARTA

Wenn Sie wirklich mit Stil entspannen wollen, können Sie statt Sekt auch Champagner verwenden, um diesem Cocktail den letzten Schliff zu geben.

FÜR 1 PERSON
1 Limettenspalte
extrafeiner Zucker
4 cl weißer Tequila
2 cl Triple Sec
Sekt oder Champagner, gekühlt

Den Rand eines Wein- oder Longdrinkglases mit der Limettenspalte abreiben und in den Zucker drücken, sodass ein Zuckerrand entsteht. Eiswürfel in ein Rührglas geben und Tequila und Triple Sec darübergießen. In das vorbereitete Glas abseihen und mit Sekt oder Champagner auffüllen.

END OF THE ROAD ›

FÜR 1 PERSON
6 cl Gin
2 cl Crème de Menthe
2 cl Pastis
grob gestoßenes Eis
1 Minzezweig
Sodawasser

Eiswürfel in ein Rührglas geben, Gin, Crème de Menthe und Pastis darübergießen und umrühren. In ein mit gestoßenem Eis gefülltes Longdrinkglas abseihen und mit dem Minzezweig garnieren. Wenn Sie den Cocktail als Longdrink genießen wollen, mit Sodawasser auffüllen.

SEABREEZE

Rosafarbener Grapefruitsaft ist viel süßer und feiner als heller, deshalb eignet er sich gut für Cocktails, die nur wenig Säure erhalten sollen.

FÜR 1 PERSON
3 cl Wodka
1 cl Cranberrysaft
rosa Grapefruitsaft

Wodka und Cranberrysaft mit Eiswürfeln in einen Shaker geben und kräftig schütteln, bis dieser deutlich beschlagen ist. In ein gekühltes Longdrinkglas gießen und nach Belieben mit Grapefruitsaft auffüllen.

COSTA DEL SOL ›

FÜR 1 PERSON
4 cl Gin
2 cl Apricot Brandy
2 cl Triple Sec

Gin, Apricot Brandy und Triple Sec mit Eiswürfeln in einen Shaker geben und kräftig schütteln, bis dieser deutlich beschlagen ist. In ein gekühltes Martiniglas oder Whiskyglas abseihen.

BLACK AND TAN

FÜR 1 PERSON
4–6 Eiswürfel
125 ml Ginger Ale, gekühlt
125 ml Ginger Beer, gekühlt
1 Limettenscheibe

Die Eiswürfel in ein gekühltes Whiskyglas geben, Ginger Ale und Ginger Beer zugießen. Nicht umrühren, sondern nur mit der Limettenscheibe garnieren.

FROZEN STRAWBERRY DAIQUIRI

FÜR 1 PERSON
fein gestoßenes Eis
4 cl weißer Rum
2 cl Limettensaft
1 TL Zuckersirup
7 Erdbeeren

Gestoßenes Eis, Rum, Limettensaft, Zuckersirup und 6 Erdbeeren im Mixer zu einem halb gefrorenen Drink verarbeiten und den Cocktail in ein gekühltes Martiniglas gießen. Mit der übrigen Erdbeere garnieren.

Das britische Pub-Getränk mit dem Namen Black and Tan ist eigentlich eine Kombination aus hellen und dunklen Biersorten. Diese Version entsteht durch die Kombination aus dem alkoholfreien Ginger Ale und dunklem Ginger Beer.

MIAMI BEACH ◂

FÜR 1 PERSON
4 cl Scotch Whisky
3 cl Vermouth Dry
4 cl Grapefruitsaft
1 Orangenschalenspirale

Scotch Whisky, Vermouth und Grapefruitsaft mit Eiswürfeln in einen Shaker geben und kräftig schütteln, bis dieser deutlich beschlagen ist. In ein gekühltes Martiniglas abseihen und mit der Orangenschalenspirale servieren.

PALM BEACH SOUR

FÜR 1 PERSON
3 cl Gin
3 cl Grapefruitsaft
1 cl Vermouth Dry
2–3 Tropfen Angostura
1 TL extrafeiner Zucker
1 Eiweiß

Gin, Grapefruitsaft, Vermouth, Angostura, Zucker und Eiweiß mit Eiswürfeln in einen Shaker geben und kräftig schütteln. In ein gekühltes Martiniglas oder Sourglas abseihen.

HALLEY'S COMFORT ▸

FÜR 1 PERSON
grob gestoßenes Eis
4 cl Southern Comfort
4 cl Pfirsichgeist
kohlensäurehaltiges Mineralwasser
1 Zitronenscheibe

Ein gekühltes Whiskyglas oder Longdrinkglas zur Hälfte mit gestoßenem Eis füllen. Southern Comfort und Pfirsichgeist über das Eis gießen und mit Mineralwasser auffüllen. Kurz umrühren und mit der Zitronenscheibe garnieren.

THE FLATIRON LOUNGE

NEW YORK CITY

Wie ein guter Cocktail benötigt auch eine gute Bar eine Reihe von Zutaten. Die *Flatiron Lounge* in New York City ist hierfür ein perfektes Beispiel. Die in der Nähe des historischen Flatiron Building gelegene Bar besitzt ein kühles Art-déco-Interieur mit dunkelroten Bänken aus Kunstleder und kobaltblauen Spiegeln. Warum also nicht nach einer Besichtigung des bekannten Gebäudes entspannt einen Drink in der *Flatiron Lounge* einnehmen? Die erstklassige Bar, die 2003 eröffnete, repräsentiert die luxuriöse Unbekümmertheit der Cocktail-Ära in den 1920er-Jahren. Die akribisch restaurierte Art-déco-Bar wurde einst von Frank Sinatra und seinem Rat Pack in New Yorks legendärem Manhattan Ballroom frequentiert. Trotzdem

BERÜHMT FÜR

KLASSISCHE COCKTAILS

LONG ISLAND GREEN TEA

FÜR 4 PERSONEN
120 g extrafeiner Zucker
125 ml heißes Wasser
250 ml frischer Zitronensaft
750 ml Sake
10 Teebeutel grüner Tee
150 ml sehr guter Gin
150 ml sehr guter Zitronen-Wodka
4 TL Grenadine
8 Weinbrandkirschen

Den Zucker im Wasser auflösen. Den Zitronensaft dazugießen und abkühlen lassen. Die Sake-Flasche in heißem Wasser erhitzen. Den Sake in ein Bowlengefäß gießen, die Teebeutel hinzufügen und 40 Minuten ziehen lassen. Den Tee in einen Krug umfüllen. Das Zitronen-Zucker-Wasser, Gin und Wodka dazugießen und umrühren. Vier große Gläser mit Eiswürfeln füllen. Den Cocktail über das Eis gießen und in jedes Glas einen Teelöffel Grenadine geben. Mit je zwei Weinbrandkirschen auf einem Spieß servieren.

„Ein guter Cocktail sollte mehr geben als nur einen Kick, er soll Sie emporheben und an einen anderen Ort bringen."

Julie Reiner, Mixologin und Mitbesitzerin der *Flatiron Lounge*

sind es eindeutig die köstlichen Cocktails, die diese Bar zu einer der besten weltweit machen. Sie enthalten alle die perfekte Mischung aus Alkohol und exotischen, frischen Zutaten. Die Drinks sind sozusagen Kunst im Glas. Die Karte ändert sich von Saison zu Saison, und meist gibt es Specials, je nachdem, was erhältlich ist. Die einzigartige Karte bietet viele Spezialitäten des Hauses wie Harvest Punch (Wodka in Pacific-Rim-Tee, mit Passionsblume und Minze aromatisiert) oder Juniper Breeze (ein frischer Mix aus Plymouth Gin, Holunderblütensirup, Grapefruit, Limette und Cranberry).

In einer Stadt mit über eintausend Bars ist dies ein besonderer Ort. Die Drinks sind voller Überraschungen, vielfältig, frisch, mit viel Geschmack und eine Freude für Auge und Gaumen. Tipp: Versuchen Sie den Flight of the day, der Ihren Gaumen mit einem Trio aus Miniaturcocktails verwöhnt, die auf einem Holztablett serviert werden.

FLATIRON LOUNGE
Flatiron District
37 West 19th Street
(zwischen 5th und 6th Avenue)
NY 10011
USA
+ 001 212 727-7741
www.flatironlounge.com

Täglich geöffnet
Sonntag bis Mittwoch:
17.00 bis 02.00 Uhr
Donnerstag, Freitag und Samstag:
17.00 bis 04.00 Uhr

VOR DEM ESSEN

Manchmal weiß man einfach nicht, was man vor dem Essen trinken soll. Auf keinen Fall möchte man das Dinner mit einem Gefühl der Völle beginnen. Ein Aperitif ist in diesem Fall genau das Richtige, denn er regt den Appetit an. Überlegen Sie sich also gut, was Sie bestellen – hier finden Sie den passenden Cocktail.

COSMOPOLITAN

Dieser elegante Cocktail, der durch die TV-Serie *Sex and the City* berühmt wurde, eignet sich vortrefflich für ein niveauvolles Dinner.

FÜR 1 PERSON
4 cl Wodka
2 cl Triple Sec
2 cl frischer Limettensaft
2 cl Cranberrysaft
1 Orangenschalenspirale

Wodka, Triple Sec, Limettensaft und Cranberrysaft mit Eiswürfeln in einem Shaker kräftig schütteln, bis dieser deutlich beschlagen ist. In ein gekühltes Martiniglas abseihen und mit der Orangenschalenspirale servieren.

Der Cosmopolitan, oder Cosmo, wie er auch genannt wird, ist zwar ein Newcomer in der Cocktailszene – er entstand wahrscheinlich Mitte der 1980er-Jahre in dem eleganten Viertel South Beach bei Miami –, doch etablierte er sich rasch als klassischer Cocktail. Trotz seines anspruchsvollen Namens eignet sich der Cocktail auch für eine bescheidenere Dinnerparty. Die ursprüngliche Version enthielt nur wenig Cranberrysaft, um einen Hauch von Rosa zu erzeugen. Inzwischen beinhalten die meisten Rezepte jedoch einen höheren Anteil, wodurch der Cosmopolitan einen vollen, fast rubinroten Farbton erhält. Dies beeinträchtigt allerdings ein wenig die Zitruskombination aus dem mit Orangen aromatisierten Triple Sec und Limette.

Ganz gleich, welchen Likör man verwendet, wichtigste Zutat eines Sour ist stets Zitronensaft. Ein Sour wird in einem Sour- oder Martiniglas serviert und mit einer Cocktailkirsche garniert oder auch „on the rocks“ in einem Whiskyglas.

ITALIAN STALLION ▾

FÜR 1 PERSON
4–6 Eiswürfel
1 Spritzer Angostura
4 cl Bourbon
2 cl Campari
1 cl Vermouth Sweet
1 Zitronenschalenspirale

Die Eiswürfel in ein Rührglas geben, Angostura darüber spritzen. Bourbon, Campari und Vermouth dazugießen. Gut verrühren, dann in ein gekühltes Martiniglas abseihen und mit der Zitronenschalenspirale garnieren.

BOSTON SOUR ◂

FÜR 1 PERSON
2 cl Zitronen- oder Limettensaft
4 cl Blended Scotch Whisky
1 Eiweiß
1 TL extrafeiner Zucker oder Gomme-Sirup
1 Zitronenscheibe
1 Cocktailkirsche

Zitronen- oder Limettensaft, Blended Scotch Whisky, Eiweiß und Zucker oder Gomme-Sirup mit Eiswürfeln in einen Shaker geben und kräftig schütteln. In ein Martiniglas oder Sourglas abseihen. Mit der Zitronenscheibe und der Cocktailkirsche garnieren.

BELLINITINI

Diese reizvolle Variante eines der bekanntesten Aperitifs ist sehr pfirsichbetont.

FÜR 1 PERSON
4 cl Wodka
2 cl Pfirsichgeist
2 cl Pfirsichsaft
Champagner, gekühlt

Wodka, Pfirsichgeist und Pfirsichsaft mit Eiswürfeln in einen Shaker geben und kräftig schütteln. In ein gekühltes Weinglas oder eine Sektflöte abseihen und mit Champagner auffüllen.

BELLINI

Dieses köstliche Getränk wurde um 1943 von Giuseppe Cipriani in *Harry's Bar* in Venedig kreiert.

FÜR 1 PERSON
2 cl frischer Pfirsichsaft aus weißen, süßen Pfirsichen
extrafeiner Zucker
6 cl Champagner, gekühlt

Den Rand einer gekühlten Sektflöte in etwas Pfirsichsaft und anschließend in den Zucker drücken, sodass ein Zuckerrand entsteht. Trocknen lassen. Den Pfirsichsaft in die Sektflöte gießen, vorsichtig mit dem Champagner aufgießen und umrühren.

APPLE MARTINI

Apple Martini, auch unter dem Namen Appletini bekannt, ist ein sehr aktueller Cocktail, der weich und leicht schmeckt. Saurer Apfelkorn statt des gewöhnlichen Apfelkorns oder ein Spritzer Zitronensaft erhöht den Säuregehalt.

FÜR 1 PERSON
grob gestoßenes Eis
2 cl Wodka
2 cl Apfelkorn
2 cl Apfelsaft
2 dünne Apfelscheiben (nach Belieben)

Wodka, Apfelkorn und Apfelsaft über gestoßenes Eis in einen Shaker geben und kräftig schütteln, bis dieser deutlich beschlagen ist. In ein gekühltes Martiniglas abseihen und nach Geschmack mit den Apfelscheiben garnieren.

JUAN COLLINS

Ein weiterer Cocktail aus der Collins-Familie, der vermutlich aus Mexiko stammt.

FÜR 1 PERSON
grob gestoßenes Eis
4 cl weißer Tequila
2 cl Zitronensaft
1 TL Zuckersirup
kohlensäurehaltiges Mineralwasser
1 Orangenscheibe, geviertelt

Ein gekühltes Longdrinkglas zur Hälfte mit gestoßenem Eis füllen und Tequila, Zitronensaft und Zuckersirup darübergießen. Mit Mineralwasser auffüllen und vorsichtig umrühren. Mit den Orangenstückchen garnieren.

BACK TO THE FUTURE

FÜR 1 PERSON
4 cl Gin
2 cl Slibowitz
2 cl Zitronensaft
1 Zitronenschalenspirale

Gin, Slibowitz und Zitronensaft mit Eiswürfeln in einen Shaker geben und kräftig schütteln, bis dieser deutlich beschlagen ist. In ein gekühltes Martiniglas abseihen und mit der Zitronenschalenspirale servieren.

DEPTH CHARGE

Mischt man eine auf Anis basierende Spirituose mit Wasser, wird das Wasser milchig trüb. Mischt man sie jedoch mit anderen Spirituosen, bleibt dieser Effekt aus – bis das Eis schmilzt …

FÜR 1 PERSON
2 cl Gin
2 cl Lillet
2 Spritzer Pernod

Gin, Lillet und Pernod mit Eiswürfeln in einen Shaker geben und kräftig schütteln, bis dieser deutlich beschlagen ist. Den Cocktail in ein gekühltes, mit einem oder zwei Eiswürfeln gefülltes Martiniglas abseihen.

MOSCOW MULE

Den Namen Moskau erhielt dieser Cocktail aufgrund der russischen Herkunft seiner wichtigsten Zutat – Wodka – und Mule (Maultier), weil er einem den gewissen Kick verpasst.

FÜR 1 PERSON
4 cl Wodka
2 cl Limettensaft
grob gestoßenes Eis
Ginger Beer
1 Limettenscheibe

Wodka und Limettensaft mit Eiswürfeln in einen Shaker geben und kräftig schütteln, bis dieser beschlagen ist. Ein gekühltes Longdrinkglas zur Hälfte mit gestoßenem Eis füllen und den Cocktail darüber abseihen. Mit Ginger Beer auffüllen und mit der Limettenscheibe garnieren.

Der Moscow Mule wurde in den 1950er-Jahren erfunden, als ein Barmann des *Cock 'n' Bull* in Hollywood versehentlich zu viel Ginger Beer bestellt hatte. Er mischte es mit Wodka und kreierte auf diese Weise einen Klassiker.

COLLEEN ▲

FÜR 1 PERSON
4 cl Irish Whiskey
2 cl Irish Mist
2 cl Triple Sec
1 TL Zitronensaft

Irish Whiskey, Irish Mist, Triple Sec und Zitronensaft mit Eiswürfeln in einen Shaker geben und kräftig schütteln, bis dieser deutlich beschlagen ist. In ein gekühltes Martiniglas abseihen.

MONTGOMERY ▲

FÜR 1 PERSON
6 cl Gin oder Wodka
1 TL Vermouth
1 Olive oder Zitronenzesten

Gin oder Wodka mit Vermouth über Eiswürfel in ein Rührglas geben und umrühren. In ein gekühltes Martiniglas abseihen und eine Olive oder Zitronenzesten dazugeben.

ROLLS-ROYCE ▲

FÜR 1 PERSON
4–6 Eiswürfel
6 cl Gin
2 cl Vermouth Dry
2 cl Vermouth Sweet
1 Spritzer Bénédictine

Die Eiswürfel in ein Rührglas füllen. Gin, Vermouth Dry, Vermouth Sweet und Bénédictine darübergießen. Gut umrühren und dann in ein gekühltes Martiniglas abseihen.

BRANDY OLD FASHIONED ◂

FÜR 1 PERSON
1 Zuckerwürfel
1 Spritzer Angostura
1 TL Wasser
6 cl Brandy
grob gestoßenes Eis
1 Zitronenschalenspirale

Den Zuckerwürfel in ein kleines, gekühltes niedriges Old-Fashioned- oder Whiskyglas geben. Angostura und Wasser zugießen. Den Zucker mit einem Löffel zerdrücken, bis er sich aufgelöst hat, dann den Brandy dazugeben und umrühren. Gestoßenes Eis hinzufügen und den Cocktail mit der Zitronenschalenspirale garnieren.

Der Old Fashioned ist so bekannt, dass man ein niedriges Becherglas oder Whiskyglas auch Old-Fashioned-Glas nennt. Diese Version des Old Fashioned basiert auf Brandy statt auf Bourbon oder Scotch.

VICTORY ▴

FÜR 1 PERSON
4 cl Pernod
2 cl Grenadine
kohlensäurehaltiges Mineralwasser

Pernod und Grenadine mit Eiswürfeln in einen Shaker geben und kräftig schütteln, bis dieser deutlich beschlagen ist. In ein gekühltes Longdrinkglas abseihen und mit Mineralwasser auffüllen.

ROSITA ▸

FÜR 1 PERSON
4–6 Eiswürfel
4 cl Campari
4 cl weißer Tequila
1 cl Vermouth Dry
1 cl Vermouth Sweet
1 Limettenschalenspirale

Die Eiswürfel in ein Rührglas geben und Campari, Tequila sowie Vermouth Dry und Vermouth Sweet darübergießen. Gut verrühren, dann in ein gekühltes Whiskyglas abseihen und mit der Limettenschalenspirale garnieren.

THE BENTLEY ▴

Champagnercocktails werden umso besser, je mehr man davon trinkt …

FÜR 1 PERSON
1 cl Cognac oder Brandy
1 cl Pfirsichlikör oder Peach Brandy
Saft von 1 Passionsfrucht, durchsiebt
1 Eiswürfel
Champagner, gekühlt

Cognac oder Brandy, Pfirsichlikör oder Peach Brandy und Passionsfruchtsaft in einem gekühlten Longdrinkglas vorsichtig verrühren. Den Eiswürfel hinzufügen und nach Belieben langsam Champagner dazugießen.

TNT ▸

FÜR 1 PERSON

4–6 Eiswürfel, grob gestoßen

2 cl Pernod

2 cl Rye Whiskey

Das gestoßene Eis in ein Rührglas geben, dann Pernod und Rye Whiskey darübergießen. Gut umrühren und in ein gekühltes Martiniglas abseihen.

BRANDY SOUR ◂

Die erstmals Mitte des 19. Jahrhunderts im Süden der USA zubereiteten Sours basierten auf Brandy. Als aber französischer Weinbrand nur noch schwer erhältlich war, stieg man auf Bourbon oder Rye Whiskey um. Für diesen Sour wird jedoch wieder Brandy verwendet.

FÜR 1 PERSON

2 cl Zitronen- oder Limettensaft

5 cl Brandy

1 TL extrafeiner Zucker oder Gomme-Sirup

½ Zitronen- oder Limettenscheibe

1 Maraschino-Kirsche

Zitronen- oder Limettensaft, Brandy und Zucker oder Gomme-Sirup mit Eiswürfeln in einen Shaker geben und schütteln. In ein Martiniglas oder Sourglas abseihen und mit der Zitronen- oder Limettenscheibe sowie der Maraschino-Kirsche garnieren.

ORANGE GIN SLING

FÜR 1 PERSON

4 cl Gin

4 Spritzer Orangenbitter

Den Gin in ein Martiniglas gießen, dann den Orangenbitter vorsichtig darüberspritzen.

DUCHESS ▾

FÜR 1 PERSON
4–6 Eiswürfel, grob gestoßen
2 cl Pernod
2 cl Vermouth Sweet
2 cl Vermouth Dry

Das gestoßene Eis in ein Rührglas füllen. Pernod, Vermouth Sweet und Vermouth Dry darübergießen. Gut umrühren und anschließend in ein gekühltes Martini oder Whiskyglas abseihen.

GRAND DUCHESS ▴

FÜR 1 PERSON
10 Eiswürfel, grob gestoßen
4 cl Wodka
2 cl Triple Sec
6 cl Cranberrysaft
4 cl Orangensaft

Die Hälfte der gestoßenen Eiswürfel in ein Rührglas füllen. Wodka, Triple Sec, Cranberrysaft und Orangensaft über das Eis gießen und gut umrühren. Ein gekühltes Whiskyglas zur Hälfte mit dem übrigen Eis füllen und den Cocktail darüber abseihen.

ADAM 'N' EVE

FÜR 1 PERSON
4 cl Triple Sec
2 cl Wodka
2 cl Grapefruitsaft
2 cl Cranberrysaft
5–6 Ananaswürfel
2 TL extrafeiner Zucker
2 EL fein gestoßenes Eis
1 Erdbeerscheibe

Triple Sec, Wodka, Grapefruitsaft und Cranberrysaft mit Eiswürfeln in einen Shaker geben und kräftig schütteln, bis dieser deutlich beschlagen ist. Den Cocktail in ein gekühltes Longdrinkglas abseihen. Die Ananaswürfel mit dem Zucker und gestoßenem Eis im Mixer zerkleinern, bis ein halbgefrorenes Püree entsteht. Vorsichtig in das Glas gießen und mit der Erdbeerscheibe garnieren.

Die Basis des Adam 'n' Eve ist säuerlich und adstringierend, oben schmeckt er süß und ist halbgefroren. Aber achten Sie darauf, dass Sie Ihr Feigenblatt nicht verlieren.

WHISKEY COCKTAIL ▲

FÜR 1 PERSON
4 cl Bourbon
2 cl Southern Comfort
2 cl Orangensaft
1 Spritzer Triple Sec
1 Orangenscheibe

Bourbon, Southern Comfort, Orangensaft und Triple Sec mit Eiswürfeln in einen Shaker geben und kräftig schütteln, bis dieser deutlich beschlagen ist. In ein gekühltes Martiniglas abseihen und mit einem Stück Orangenscheibe garnieren.

ALLIGATOR ◂

FÜR 1 PERSON
4 cl Wodka
2 cl Midori
1 cl Vermouth Dry
1 Spritzer Zitronensaft
grüne Melonenkugeln

Wodka, Midori, Vermouth und Zitronensaft mit Eiswürfeln in einen Shaker geben und kräftig schütteln. In ein gekühltes Martiniglas abseihen und mit auf Zahnstocher aufgespießten Melonenkugeln servieren.

MIMOSA

Dieser Drink erhielt seinen Namen offensichtlich, weil er denselben Farbton besitzt wie die schöne gelbe Blüte der Mimose.

FÜR 1 PERSON
Saft von 1 Passionsfrucht
1 cl Orange Curaçao
fein gestoßenes Eis
Champagner, gekühlt
1 Sternfruchtscheibe
1 Orangenschalenspirale

Das Fruchtfleisch der Passionsfrucht in einen Shaker löffeln und mit dem Orange Curaçao und wenig gestoßenem Eis kräftig schütteln, bis der Shaker deutlich beschlagen ist. In eine Sektflöte gießen und mit Champagner auffüllen. Mit der Sternfruchtscheibe und der Orangenschalenspirale garnieren.

THIRD DEGREE ▸

FÜR 1 PERSON
4–6 Eiswürfel, grob gestoßen
1 Spritzer Pernod
4 cl Gin
2 cl Vermouth Dry
1 Zitronenschalenspirale

Das gestoßene Eis in ein Rührglas geben und Pernod darübergeben, dann Gin und Vermouth. Gut verrühren und in ein gekühltes Martiniglas abseihen. Mit der Zitronenschalenspirale garnieren.

STOCKHOLM

FÜR 1 PERSON
1 Zuckerwürfel
4 cl Zitronen-Wodka
2 cl Zitronensaft
Sekt, gekühlt

Den Zuckerwürfel in ein Weinglas geben, Zitronen-Wodka und Zitronensaft darübergießen. Rühren, bis sich der Zucker auflöst, und mit Sekt auffüllen.

CHELSEA SIDECAR ▲

Dieser Cocktail wird so stark mit dem berühmten Künstlerlokal in New York assoziiert, dass er manchmal auch als Chelsea Hotel bezeichnet wird.

FÜR 1 PERSON
4 cl Gin
2 cl Triple Sec
2 cl Zitronensaft
1 Zitronenschalenspirale

Gin, Triple Sec und Zitronensaft mit Eiswürfeln in einen Shaker geben und kräftig schütteln, bis dieser deutlich beschlagen ist. In ein gekühltes Martiniglas abseihen und mit der Zitronenschalenspirale garnieren.

WEDDING BELLS ▶

FÜR 1 PERSON
4–6 Eiswürfel, grob gestoßen
1 Spritzer Orangenbitter
4 cl Rye Whiskey
2 cl Triple Sec
4 cl Lillet
1 Orangenschalenstreifen

Das gestoßene Eis in ein Rührglas geben. Orangenbitter darüberspritzen und Rye Whiskey, Triple Sec und Lillet dazugießen. Gut verrühren, dann in ein gekühltes Martiniglas abseihen und mit dem Orangenschalenstreifen servieren.

MANHATTAN ◂

Man nimmt an, dass dieser Drink auf den *Manhattan Club* in New York zurückzuführen ist, wo er anlässlich eines Banketts erfunden wurde, das Jennie Jerome, die Mutter des späteren britischen Premierministers Winston Churchill, veranstaltete.

FÜR 1 PERSON
grob gestoßenes Eis
1 Spritzer Angostura
6 cl Rye Whiskey
2 cl Vermouth Sweet
1 Cocktailkirsche

Gestoßenes Eis in ein Rührglas geben. Angostura, Rye Whiskey und Vermouth hinzufügen und gut umrühren. In ein gekühltes Martiniglas oder Whiskyglas abseihen und mit der Cocktailkirsche garnieren.

In dem Film *Manche mögen's heiß* mit Marilyn Monroe und Jack Lemmon feiern die Mädchen im Zug eine Party. Sie tragen ihre geschmuggelten Spirituosen zusammen, um daraus Manhattans zu mixen. Dabei bevorzugen sie Bourbon Whiskey und mischen den Cocktail in einer Wärmflasche.

TIGER BY THE TAIL ▴

FÜR 1 PERSON
4 cl Pernod
8 cl Orangensaft
1 Spritzer Triple Sec
fein gestoßenes Eis
1 Limettenschalenspirale

Pernod, Orangensaft und Triple Sec mit gestoßenem Eis im Mixer fein mixen. In ein gekühltes Wein- oder Sektglas abseihen und mit der Limettenschalenspirale garnieren.

BOURBON SOUR

Sours kann man mit Wodka, Gin oder anderen Spirituosen wie Brandy und Whiskey herstellen. Sie werden stets geschüttelt und sollten in einem speziellen Sourglas serviert werden. Ersatzweise können Sie aber auch ein Longdrinkglas oder Whiskyglas verwenden.

FÜR 1 PERSON
2 cl Zitronen- oder Limettensaft
4 cl Bourbon
1 TL extrafeiner Zucker oder Gomme-Sirup
½ Orangenscheibe

Zitronen- oder Limettensaft, Bourbon und Zucker oder Gomme-Sirup mit Eiswürfeln in einen Shaker geben und kräftig schütteln. In ein Martiniglas oder Sourglas abseihen. Mit der Orangenscheibe garnieren.

WHITE LADY

Einfach, elegant, raffiniert und viel stärker als vermutet. Der perfekte Aperitif vor einem sommerlichen Dinner al fresco.

FÜR 1 PERSON
grob gestoßenes Eis
4 cl Gin
2 cl Triple Sec
2 cl Zitronensaft

Gin, Triple Sec und Zitronensaft mit gestoßenem Eis in einen Shaker geben und kräftig schütteln, bis dieser deutlich beschlagen ist. In ein gekühltes Martiniglas abseihen.

SAPPHIRE MARTINI

FÜR 1 PERSON
4–6 Eiswürfel, grob gestoßen
4 cl Gin
1 cl Blue Curaçao
1 Cocktailkirsche

Das gestoßene Eis in ein Rührglas geben. Gin und Blue Curaçao darübergießen. Gut umrühren und in ein gekühltes Martiniglas abseihen. Mit der Cocktailkirsche garnieren.

TOPAZ MARTINI

FÜR 1 PERSON
4–6 Eiswürfel, grob gestoßen
4 cl Gin
1 cl Orange Curaçao
1 Zitronenscheibe
1 Orangen- oder Zitronenschalenspirale

Das gestoßene Eis in ein Rührglas geben. Gin und Orange Curaçao darübergießen. Gut umrühren und in ein gekühltes Martiniglas abseihen. Mit der Orangen- oder Zitronenschalenspirale garnieren.

KIR

FÜR 1 PERSON
2 TL Crème de Cassis
trockener Weißwein, gekühlt
1 Zitronenschalenspirale

Crème de Cassis in ein gekühltes Weinglas gießen, mit Weißwein auffüllen und gut umrühren. Mit der Zitronenschalenspirale den Glasrand abreiben und die Spirale in den Kir geben.

LONDON FRENCH 75

Den klassischen French-75-Cocktail kann man mit vielerlei Spirituosen zubereiten, jedoch wird er stets mit Champagner aufgefüllt. Bei dieser Version wird London Gin verwendet.

FÜR 1 PERSON
4 cl London Gin
2 cl Zitronensaft
Champagner, gekühlt

London Gin und Zitronensaft mit Eiswürfeln in einen Shaker geben und kräftig schütteln, bis dieser deutlich beschlagen ist. In ein gekühltes Wein- oder Longdrinkglas abseihen und mit Champagner auffüllen. Wenn der Cocktail etwas eleganter aussehen soll, garnieren Sie ihn mit einer Cocktailkirsche.

GRAND ROYAL CLOVER CLUB

FÜR 1 PERSON
4 cl Gin
2 cl Zitronensaft
2 cl Grenadine
1 Eiweiß
1 Zitronenschalenspirale

Gin, Zitronensaft, Grenadine und Eiweiß mit Eiswürfeln in einen Shaker geben und kräftig schütteln, bis dieser deutlich beschlagen ist. In ein gekühltes Martiniglas abseihen und mit der Zitronenschalenspirale servieren.

CORDLESS SCREWDRIVER

Eine kürzere, im Schnapsglas servierte Version des berühmten Screwdriver (siehe Seite 296), die augenblicklich für einen Kick sorgt.

FÜR 1 PERSON
4 cl Wodka, gekühlt
1 Orangenspalte
extrafeiner Zucker

Wodka in ein Schnapsglas mit Zuckerrand gießen. Die Orangenspalte ebenfalls in den Zucker tauchen. Das Schnapsglas in einem Zug leeren und dann die Orangenspalte auslutschen.

Groucho Marx ist für seinen Ausspruch bekannt, er würde niemals einem Klub angehören wollen, der ihn als Mitglied akzeptiert. Dem Grand Royal Clover Club jedenfalls dürfte es kaum an Fürsprechern mangeln.

CITY SPACE BAR

MOSKAU

BERÜHMT FÜR
SONNENUNTERGÄNGE ÜBER MOSKAU

Viele Besucher bereisen die russische Hauptstadt, ohne sich eine Vorstellung von ihrer kolossalen Größe zu machen. Dass sie die bei Weitem größte Stadt Europas ist, ist eine Sache. Eine ganz andere, auf diese Megametropole herabschauen zu können. Hier oben, im 34. Stock des geschmackvoll eingerichteten *Swissôtel Krasnye Holmy*, liegt Ihnen die grellste, exzessivste, aufregendste, gigantischste, rätselhafteste, chaotischste und widersprüchlichste Großstadt zu Füßen. In der zentral gelegenen *City Space Bar*, die Konkurrenten wie die *Sky Lounge* im 25. Stock und die *Red Bar* im 27. Stock in den Schatten stellt, kann man über der russischen Metropole den Sonnenaufgang erleben. Sie bietet eine atemberaubende 360-Grad-

ISAEV

Diese russische Version eines klassischen James-Bond-Wodka-Martini wurde von dem preisgekrönten Barmixer und Mixologen der *City Space Bar* Alexander Kann entwickelt und nach dem berühmten russischen Spion Maxim Isaev – Deckname: Schtirlitz – benannt. Der Drink zeichnet sich durch die Verwendung von Birkensaft anstelle von trockenem Vermouth aus. Heutzutage für seine entgiftende Wirkung geschätzt, ist Birkensaft, der aus dem Saft der Weißbirke gewonnen wird, eine russische Spezialität. Der in der *City Space Bar* servierte Birkensaft ist ein frisches, hausgebranntes Destillat.

FÜR 1 PERSON
4 cl Wodka
2 cl Birkensaft
1 Zitronenschalenspirale

Wodka und Birkensaft mit Eiswürfeln in ein Rührglas geben. In ein gekühltes Martiniglas abseihen. Mit der Zitronenschalenspirale garnieren.

„Eine erfolgreiche Bar muss neben geschmacklich einzigartigen Kreationen ebenso exzellenten Kundenservice bieten."

Bek Narzibekow, Manager

Aussicht, die den Kreml, die Basilius-Kathedrale, die Moskwa, die wiedererrichtete Christ-Erlöser-Kathedrale und die endlosen Moskauer Vororte einfängt. Selbst der Eingang zu der Bar wirkt dramatisch. Die Gäste verlassen den Lift im 33. Stock und begeben sich über eine schwarze Wendeltreppe in die Mitte der Glaskugel. Hier bewegt man sich in einer berauschenden Welt und wählt aus einer Cocktailkarte, die von Manager Bek Narzibekow gestaltet wird. Der gehörte einst zum Team der berühmten Londoner Bar *Milk & Honey*. Eine mit Honig zubereitete Bloody Mary ist nur eine der innovativen Specials der *City Space Bar*. Auch das Begleichen der Rechnung ist eine atemberaubende Angelegenheit, jedoch würde bei einem Trip in die derzeit heißeste Stadt des Planeten, während dem man sich nicht an diesem auserwählten Ort mit einem „Nastrovje" zuprostet, sicherlich etwas fehlen.

CITY SPACE BAR
Kosmodamianskaya Naberezhnaya 52
Gebäude 6
115054 Moskau
Russland
+7 495 221 5357
www.swissotel.com/moscow

Täglich geöffnet
18.00 bis 03.00 Uhr

FÜR GENIESSER

„Jederzeit, an jedem Ort, überall" – besser als diese alte Martini-Werbung lässt es sich nicht ausdrücken. Für jene Momente, in denen man einfach einen Drink braucht, weil man die Sinne stimulieren und den Gaumen mit etwas Besonderem verwöhnen möchte, bieten die folgenden Seiten eine Auswahl an modernen und klassischen Cocktails.

THE ULTIMATE CLASSIC MARTINI

Für viele ist dies der ultimative Cocktail. Über den Martini wurden mehr Worte geschrieben als über jeden anderen Cocktail.

FÜR 1 PERSON
grob gestoßenes Eis
6 cl Wodka oder Gin
1 TL Vermouth Dry, oder nach Belieben
1 grüne Olive

Wodka oder Gin und Vermouth mit gestoßenem Eis in einen Shaker geben und kräftig schütteln, bis dieser deutlich beschlagen ist. In ein gekühltes Martiniglas abseihen und mit der Olive garnieren.

Tatsache ist, dass der Martini seinen Namen nicht von der beliebten italienischen Vermouth-Marke Martini & Rossi hat. Er könnte nach der Stadt Martinez in Kalifornien benannt worden sein, die dies für sich in Anspruch nimmt, oder aber nach dem Möchtegernerfinder Martini di Arma di Taggia, Barmann in einem New Yorker Hotel. Sicher ist jedenfalls, dass der Martini ursprünglich mit Gin – und nicht wie heute meist mit Wodka – hergestellt wurde. Ganz gleich, welche Spirituose Sie letztlich verwenden, achten Sie darauf, dass sie eiskalt ist, und kühlen Sie auch das Glas am besten ein Martiniglas mit der typisch ausgestellten Schale und dem eleganten Stiel. Es gibt zahlreiche Abwandlungen des Grundrezepts, von denen auf den nächsten Seiten einige vorgestellt werden.

THE MODERN MARTINI ▾

Andere Früchte, mit denen Sie dieses Rezept ausprobieren können, sind Kiwi, Birne und Wassermelone.

FÜR 1 PERSON
1 sehr reifer Granatapfel
4 cl Wodka oder Gin
1 Spritzer Zuckersirup

Das Fruchtfleisch des Granatapfels in einen Shaker löffeln und leicht zerdrücken. Wodka oder Gin und Zuckersirup sowie Eiswürfel hinzufügen und kräftig schütteln. In ein eisgekühltes Martiniglas abseihen.

DIRTY MARTINI ▴

FÜR 1 PERSON
6 cl Gin
2 cl Vermouth Dry
1 cl Olivenlake
1 Olive

Gin, Vermouth und die Olivenlake mit Eiswürfeln in einen Shaker geben und kräftig schütteln, bis dieser deutlich beschlagen ist. In ein gekühltes Martiniglas abseihen und mit der Olive garnieren.

THE LEGEND MARTINI

FÜR 1 PERSON
4 cl Wodka, eisgekühlt
2 cl Brombeerlikör
2 cl frischer Limettensaft
1 Spritzer Zuckersirup

Wodka, Brombeerlikör, Limettensaft und Zuckersirup mit Eiswürfeln in einen Shaker geben und kräftig schütteln, bis dieser deutlich beschlagen ist. In ein gekühltes Martiniglas abseihen.

RUM COCKTAIL ▲

FÜR 1 PERSON
2 cl weißer Rum
2 cl brauner Rum
2 cl Kahlúa
1 TL Zitronensaft
2 TL Orangensaft
1 Limettenscheibe

Weißen und braunen Rum, Kahlúa, Zitronensaft und Orangensaft mit Eiswürfeln in einen Shaker geben und kräftig schütteln, bis dieser deutlich beschlagen ist. In ein gekühltes Whiskyglas abseihen. Mit der Limettenscheibe garnieren.

TOM COLLINS

Dieser gefeierte Cocktail wurde zwar zu Beginn des 19. Jahrhunderts in London von einem Mann namens John Collins erfunden, doch wurde er im Allgemeinen mit Old Tom Gin zubereitet. Daher verwandelte sich sein Name mit der Zeit in Tom Collins.

FÜR 1 PERSON
6 cl Gin
4 cl Zitronensaft
1 cl Zuckersirup
Sodawasser
1 Zitronenscheibe

Gin, Zitronensaft und Zuckersirup mit Eiswürfeln in einen Shaker geben und schütteln, bis dieser beschlagen ist. In ein gekühltes Longdrinkglas abseihen, mit Sodawasser auffüllen und mit der Zitronenscheibe garnieren.

BELLINI MARTINI ▸

FÜR 1 PERSON
2 cl Gin
1 cl Brandy
1 cl Pfirsichpüree
1 Spritzer Vermouth Sweet
1 Pfirsichscheibe

Gin, Brandy, Pfirsichpüree und Vermouth mit Eiswürfeln in einen Shaker geben und kräftig schütteln, bis dieser deutlich beschlagen ist. In ein eisgekühltes Martiniglas abseihen und mit der Pfirsichscheibe garnieren.

FIFTY FIFTY ▴

Dies ist die Originalversion des Martini, für die gleiche Teile Gin und Vermouth verwendet werden.

FÜR 1 PERSON
3 cl Gin
3 cl Vermouth Dry
1 Olive

Gin und Vermouth mit Eiswürfeln in einen Shaker geben und kräftig schütteln, bis dieser deutlich beschlagen ist. In ein gekühltes Martiniglas abseihen. Eine Olive hineingeben und servieren.

SILVER BERRY

Dieser Cocktail eignet sich für ganz besondere Anlässe, auch wenn man nicht allzu viele Drinks von der Sorte zu sich nehmen kann.

FÜR 1 PERSON
2 cl Himbeer-Wodka, eisgekühlt
2 cl Crème de Cassis, eisgekühlt
2 cl Cointreau, eisgekühlt
silbernes Esspapier oder 1 gefrorene Beere

Himbeer-Wodka, Crème de Cassis und Cointreau nacheinander langsam in ein eisgekühltes Martiniglas gießen. Meist bedarf es etwas Zeit, bis sich die Spirituosen setzen. Zuvor müssen sie unbedingt eisgekühlt werden. Mit dem Silberpapier oder der gefrorenen Beere garnieren.

DAIQUIRI

Daiquiri ist eine Stadt auf Kuba, wo dieser Drink vermutlich zu Beginn des 20. Jahrhunderts erfunden wurde.

FÜR 1 PERSON
grob gestoßenes Eis
7 cl weißer Rum
3 cl Limettensaft
1 TL Zuckersirup

Rum, Limettensaft und Zuckersirup über gestoßenes Eis in einen Shaker geben und kräftig schütteln, bis dieser deutlich beschlagen ist. In ein gekühltes Martiniglas abseihen.

GOLDEN FROG

Klassische Wodkacocktails sollten früher vor allem die Wirkung eines alkoholischen Getränks haben, ohne eine verräterische Alkoholfahne zu verursachen. Meist handelte es sich um recht einfache Mixturen aus Wodka und Fruchtsäften. Heutige Wodkacocktails enthalten meist auch andere Spirituosen.

FÜR 1 PERSON
4–6 Eiswürfel
2 cl Wodka
2 cl Strega
2 cl Galliano
2 cl Zitronensaft

Alle Zutaten in einem Mixer zerkleinern. Zu einem halbgefrorenen Cocktail mixen und den Drink in ein gekühltes Martiniglas gießen

GIBSON ▸

FÜR 1 PERSON
grob gestoßenes Eis
6 cl Gin
1 TL Vermouth Dry
2–3 Perlzwiebeln

Gestoßenes Eis in ein Rührglas geben. Gin und Vermouth darübergießen und gut umrühren. In ein gekühltes Martiniglas abseihen und mit den Perlzwiebeln garnieren.

Der Gibson wurde vermutlich erstmals in den 1940er-Jahren im *Players Club* von Manhattan für den Künstler Charles Dana Gibson zubereitet. Die auffälligste Zutat sind die Perlzwiebeln.

HAWAIIAN ORANGE BLOSSOM ◂

FÜR 1 PERSON
4 cl Gin
2 cl Triple Sec
4 cl frischer Orangensaft
2 cl Ananassaft
1 Ananasstück und 1 Ananasblatt

Gin, Triple Sec, Orangensaft und Ananassaft mit Eiswürfeln in einen Shaker geben und kräftig schütteln, bis dieser deutlich beschlagen ist. In ein gekühltes Weinglas abseihen. Mit der Ananasstück und dem Blatt garnieren und servieren.

FAIR LADY ▸

FÜR 1 PERSON
4 cl Gin
2 cl Orangensaft
2 cl Limettensaft
1 Eiweiß
1 Spritzer Erdbeerlikör
1 Erdbeerhälfte
1 Limettenschalenspirale

Gin, Orangensaft, Limettensaft, Eiweiß und Erdbeerlikör mit Eiswürfeln in einen Shaker geben und kräftig schütteln, bis dieser deutlich beschlagen ist. In ein gekühltes Martiniglas abseihen. Mit der Erdbeerhälfte und der Limettenschalenspirale servieren.

BLUE BIRD ▲

FÜR 1 PERSON
6 cl Gin
2 cl Blue Curaçao
1 Spritzer Angostura
grob gestoßenes Eis

Gin, Blue Curaçao und Angostura mit gestoßenem Eis in einen Shaker geben und kräftig schütteln, bis dieser deutlich beschlagen ist. In ein gekühltes Martini- oder Weinglas abseihen.

HARVEY WALLBANGER

Dieser moderne Klassiker ist nicht nur ein großartiger Partydrink, er eignet sich auch für jede andere Gelegenheit.

FÜR 1 PERSON
6 cl Wodka
150 ml Orangensaft
2 TL Galliano
1 Kirsche
1 Orangenscheibe

Ein Longdrinkglas zur Hälfte mit Eiswürfeln füllen, Wodka und Orangensaft darübergießen und Galliano darauflöffeln. Mit der Kirsche und der Orangenscheibe garnieren. Für eine feurige Variante statt Galliano einen Spritzer Ingwerwein mit dem Wodka und dem Orangensaft mischen.

POLYNESIAN SOUR

FÜR 1 PERSON
4–6 Eiswürfel, gestoßen
4 cl weißer Rum
1 cl Guavensaft
1 cl Zitronensaft
1 cl Orangensaft

Das gestoßene Eis mit Rum, Guavensaft, Zitronensaft und Orangensaft in einen Mixer geben und glatt mixen. Den Cocktail in ein gekühltes Martiniglas gießen.

MINT JULEP

Der Mint Julep ist das traditionelle Getränk des Kentucky Derby, einem Pferderennen, das seit 1875 einmal im Jahr in Louisville, Kentucky, ausgetragen wird.

FÜR 1 PERSON
2 frische Minzezweige
1 EL Zuckersirup
gestoßenes Eis
6 cl Bourbon

Die Blätter des einen Minzezweigs mit dem Zuckersirup in ein gekühltes Longdrinkglas geben und mit einem Stößel zerdrücken. Gestoßenes Eis in das Glas geben und den Bourbon darübergießen. Mit dem übrigen Minzezweig garnieren.

SAKETINI

FÜR 1 PERSON
6 cl Gin
1 cl Sake
1 Zitronenschalenspirale

Gin und Sake mit Eiswürfeln in einen Shaker geben und kräftig schütteln, bis dieser deutlich beschlagen ist. In ein gekühltes Martiniglas abseihen und mit der Zitronenschalenspirale garnieren.

MANHATTAN DRY

Eine etwas schärfere Version des klassischen Manhattan (Seite 171), bei dem trockener Vermouth und Curaçao verwendet wird.

FÜR 1 PERSON
grob gestoßenes Eis
1 Spritzer Angostura
6 cl Rye Whiskey
2 cl Vermouth Dry
2 Spritzer Curaçao
1 Cocktailkirsche

Gestoßenes Eis in ein Rührglas geben, die Spirituosen darübergießen und gut umrühren. In ein gekühltes Martiniglas abseihen und mit der Kirsche garnieren.

Es gibt eine Reihe weiterer Versionen des Manhattan, darunter den Womanhattan, der aus 2 cl Grenadine und 4 cl Rye Whiskey besteht und mit einer Zitronenschalenspirale serviert wird.

PEACH DAIQUIRI ▲

FÜR 1 PERSON
4 cl weißer Rum
2 cl Limettensaft
½ TL Zuckersirup
½ Pfirsich, geschält, entkernt und gehackt

Rum, Limettensaft, Zuckersirup und den gehackten Pfirsich in einen Mixer geben und glatt mixen. Den Cocktail ohne Abseihen in ein gekühltes Weinglas oder Whiskyglas gießen

STREGA SOUR ▲

FÜR 1 PERSON
4 cl Gin
2 cl Strega
2 cl Zitronensaft
1 Zitronenscheibe

Gin, Strega und Zitronensaft mit Eiswürfeln in einen Shaker geben und kräftig schütteln, bis dieser deutlich beschlagen ist. In ein Martiniglas abseihen und mit der Zitronenscheibe garnieren.

BOSTON SIDECAR ▲

FÜR 1 PERSON
3 cl weißer Rum
1 cl Brandy
1 cl Triple Sec
1 cl Zitronensaft
1 Orangenschalenspirale

Rum, Brandy, Triple Sec und Zitronensaft mit Eiswürfeln in einen Shaker geben und kräftig schütteln, bis dieser deutlich beschlagen ist. In ein gekühltes Martiniglas abseihen und mit der Orangenschalenspirale garnieren.

RACQUET CLUB ◂

FÜR 1 PERSON
2 Spritzer Orangenbitter
4 cl Gin
4 cl Vermouth Dry
1 Orangenschalenspirale

Eiswürfel in ein Rührglas geben. Orangenbitter, Gin und Vermouth darübergießen und gut verrühren, dann in ein gekühltes Martinigias abseihen. Mit der Orangenschalenspirale servieren.

METROPOLITAN

FÜR 1 PERSON
1 Zitronenspalte
1 EL extrafeiner Zucker
grob gestoßenes Eis
2 cl Wodka oder Zitronen-Wodka
2 cl Framboise oder ein anderer Himbeerlikör
2 cl Cranberrysaft
2 cl Orangensaft
2 Cranberrys

Den Rand eines Martiniglases mit der Zitronenspalte abreiben und in Zucker drücken, sodass ein Zuckerrand entsteht. Beiseitestellen. Gestoßenes Eis in einen Shaker füllen und Wodka, Likör, Cranberrysaft und Orangensaft darübergießen. 10–20 Sekunden kräftig schütteln. In ein gekühltes Martinigias abseihen und mit den Cranberrys garnieren.

SHADY LADY ▴

FÜR 1 PERSON
6 cl Tequila
2 cl Apple Brandy
2 cl Cranberrysaft
1 Spritzer Limettensaft

Tequila, Apple Brandy, Cranberrysaft und Limettensaft mit Eiswürfeln in einen Shaker geben und kräftig schütteln, bis dieser deutlich beschlagen ist. In ein gekühltes Martiniglas abseihen.

MULE'S HIND LEG ▸

FÜR 1 PERSON

1 cl Apricot Brandy

1 cl Apple Brandy

1 cl Bénédictine

1 cl Gin

1 cl Ahornsirup

Apricot Brandy, Apple Brandy, Bénédictine, Gin und Ahornsirup mit Eiswürfeln in einen Shaker geben und kräftig schütteln. In ein gekühltes Martiniglas abseihen.

CHAMPAGNERCOCKTAIL ▸

Wem der klassische Champagnercocktail zu süß ist, kann den Zucker weglassen. Für den besonderen Pfiff sorgt der Brandy.

FÜR 1 PERSON

1 Zuckerwürfel

2 Spritzer Angostura

2 cl Brandy

Champagner, gekühlt

Den Zuckerwürfel auf den Boden einer gekühlten Sektflöte geben und den Angostura darüberspritzen. Brandy dazugießen und den Cocktail langsam mit Champagner aufgießen.

MOJITO

Der Rum in diesem Cocktail, der angeblich zu Ernest Hemingways Lieblingsdrinks gehörte, ist sehr aromatisch und erinnert an sonnige Urlaubstage.

FÜR 1 PERSON
1 TL Zucker
7 Minzeblätter
Saft von ½ Limette
gestoßenes Eis
4 cl weißer Rum
Sodawasser

Zucker, sechs Minzeblätter und den Limettensaft in ein Longdrinkglas geben und die Minze zerdrücken. Gestoßenes Eis und Rum hinzufügen, dann mit Sodawasser auffüllen. Mit dem übrigen Minzeblatt garnieren.

PLANTER'S COCKTAIL ▲

FÜR 1 PERSON
2 cl Rum
Saft von ½ Limette
1 TL Zuckersirup
1 Spritzer Angostura

Rum mit Limettensaft und Zuckersirup vermischen und einen Spritzer Angostura dazugeben. In einem Martiniglas oder Whiskyglas servieren.

DEAUVILLE PASSION

Deauville war in den 1920er-Jahren ein eleganter, extravaganter und sehr modischer Ferienort an der Küste der französischen Normandie. Zweifellos wurden hier großartige Cocktails kreiert.

FÜR 1 PERSON
4 cl Cognac
3 cl Apricot Curaçao
3 cl Maracujasaft
Bitter Lemon
Minzeblätter

Cognac, Apricot Curaçao und Maracujasaft mit Eiswürfeln in einen Shaker geben und kräftig schütteln, bis dieser deutlich beschlagen ist. In ein gekühltes Longdrinkglas abseihen, mit Bitter Lemon auffüllen und mit Minzeblättern garnieren.

LOUNGE LIZARD

FÜR 1 PERSON
grob gestoßenes Eis
4 cl brauner Rum
2 cl Amaretto
Cola

Ein gekühltes Longdrinkglas zur Hälfte mit gestoßenem Eis füllen, dann Rum und Amaretto darübergießen. Mit Cola auffüllen und vorsichtig umrühren.

PINK SHERBET ROYALE

Der perfekte Sommercocktail für ganz besondere Anlässe. Oder genießen Sie dabei einfach nur den Sonnenuntergang.

FÜR 2 PERSONEN
300 ml weißer Schaumwein, gekühlt
4 cl Crème de Cassis
2 cl Brandy
gestoßenes Eis
Brombeeren

Die Hälfte des Schaumweins mit Crème de Cassis, Brandy und gestoßenem Eis in einem Mixer gründlich mischen, bis der Cocktail eiskalt und schaumig ist. Den übrigen Schaumwein langsam untermischen und den Cocktail in gekühlte Longdrinkgläser gießen. Mit einigen Brombeeren garnieren.

BLANCHE

FÜR 1 PERSON

2 cl Pernod

2 cl Triple Sec

1 cl weißer Curaçao

Pernod, Triple Sec und Curaçao mit Eiswürfeln in einen Shaker geben und kräftig schütteln, bis dieser deutlich beschlagen ist. In ein gekühltes Martiniglas abseihen.

VODKATINI

Ein gewisser James Bond machte den Gebrauch von Wodka statt Gin als Basis für den Martini populär. Deshalb ist der Vodkatini heute weithin als elegante und köstliche Alternative akzeptiert.

FÜR 1 PERSON

2 cl Wodka

1 Spritzer Vermouth Dry

Zitronenschale oder 1 Olive

Einige Eiswürfel in ein Rührglas geben und den Wodka darübergießen. Vermouth hinzufügen, gut umrühren und den Cocktail in ein Martiniglas abseihen. Mit der Zitronenschale oder der Olive garnieren.

RAFFLES KNOCKOUT

FÜR 1 PERSON

2 cl Triple Sec

2 cl Kirschwasser

1 Spritzer Zitronensaft

Cocktailkirschen

1 Zitronenscheibe

Triple Sec, Kirschwasser und Zitronensaft mit Eiswürfeln in einen Shaker geben und kräftig schütteln, bis dieser deutlich beschlagen ist. In ein gekühltes Martiniglas abseihen. Mit Cocktailkirschen und der Zitronenscheibe servieren.

BIRD OF PARADISO

FÜR 1 PERSON
grob gestoßenes Eis
3 cl weißer Tequila
1 cl weißer Crème de Cacao
1 cl Galliano
2 cl Orangensaft
1 cl Sahne
1 Zitronenscheibe, in kleinen Stücken

Gestoßenes Eis mit Tequila, Crème de Cacao, Galliano, Orangensaft und Sahne in einen Shaker geben und kräftig schütteln, bis dieser deutlich beschlagen ist. In ein gekühltes Weinglas abseihen. Mit einigen auf einen Zahnstocher gespießten Zitronenstückchen servieren.

DERBY DAIQUIRI

FÜR 1 PERSON
4–6 Eiswürfel
4 cl weißer Rum
2 cl Orangensaft
1 cl Triple Sec
1 cl Limettensaft
1 Limettenschalenspirale

Die Eiswürfel mit Rum, Orangensaft, Triple Sec und Limettensaft in einen Mixer geben und fein mixen. Ohne Abseihen in ein gekühltes Martiniglas gießen. Mit der Limettenschalenspirale servieren.

FLIRTINI

Diese Kombination aus Wodka und Champagner wird Ihre Augen funkeln lassen und Ihnen ein Lächeln ins Gesicht zaubern.

FÜR 1 PERSON
¼ Scheibe frische Ananas, gehackt
1 cl Cointreau, gekühlt
1 cl Wodka, gekühlt
2 cl Ananassaft, gekühlt
Champagner oder weißer Schaumwein, gekühlt

Gehackte Ananas und Cointreau in ein Rührglas oder Krug geben und die Ananas mit einem Löffel zerdrücken. Wodka und Ananassaft dazugießen und gut umrühren, dann in eine Sektflöte abseihen. Mit Champagner auffüllen, weißer Schaumwein eignet sich jedoch genauso gut.

Der Mai Tai wurde 1944 von dem kalifornischen Gastronom Trader Vic für Freunde kreiert, die aus Tahiti zu Besuch waren. Als sie den Cocktail probierten, riefen sie angeblich: „Mai Tai – Roe Ae“, was so viel bedeutet wie „Nicht von dieser Welt!“.

MAI TAI

FÜR 1 PERSON
grob gestoßenes Eis
4 cl weißer Rum
4 cl brauner Rum
2 cl Orange Curaçao
2 cl Limettensaft
1 EL Orgeat (Mandelsirup)
1 EL Grenadine
Cocktailkirschen
1 Ananasscheibe
Fruchtschale

Weißen und braunen Rum, Orange Curaçao, Limettensaft, Orgeat und Grenadine mit gestoßenem Eis in einen Shaker geben und schütteln, bis dieser deutlich beschlagen ist. In ein gekühltes Martiniglas abseihen und mit den Cocktailkirschen, Ananas und Fruchtschale garnieren.

DER RAUM

MELBOURNE

BERÜHMT FÜR

ANSPRUCHSVOLLEN TRINKGENUSS

Manche Lokale sind der Konkurrenz einfach voraus, und *Der Raum* in Melbourne ist offensichtlich eines davon. Die Juroren des Australian Gourmet Traveler Awards ehrten die Bar als „Bar of the Year 2008“. *National Geographic* gab ebenfalls grünes Licht für die Auszeichnung als eines der weltweit besten Trinklokale. In der an einer etwas schmuddeligen Straße gelegenen, dunklen Bar mit den kahlen Wänden wird das Trinken sehr ernst genommen. *Der Raum* kann sich zwar nicht unbedingt der einwandfreien Verwendung frischer Fruchtsäfte rühmen, obgleich diese täglich von Hand gepresst werden. Aber wo sonst kann man von sich behaupten, die weltbeste Cocktail-Eismaschine zu besitzen, die die größten

PHARMACY

Matthew Bax' Tribut an den Künstler Damien Hirst.

FÜR 1 PERSON

1 rote Chili
1 Birne, geschält und in Würfeln
3 EL Plymouth Gin
½ Zitrone, in Stücken
1 EL Honigwasser (2 TL guten Honig mit Quellwasser aus der Flasche zum Kochen bringen)
1 großes Stück Eis
1 medizinisches Glas
1 große Spritze
2 TL Aperol (italienischer Likör)
1 Brausebonbon
1 medizinisches Tablett aus Stahl

Die Chili rösten. In Frischhaltefolie einschlagen, 15 Minuten ruhen lassen, dann die Haut abziehen. Chili und Birne mit dem Gin in ein Rührglas geben. Zugedeckt in den Kühlschrank stellen und einige Tage ziehen lassen. Die Zitronenstücke in einem weiteren Glas zerdrücken, dann die Chilimischung und das Honigwasser hinzufügen. Die Zutaten mit dem Eisstück in einen Shaker geben und den Cocktail in das eisgekühlte Glas abseihen. Die Spritze mit dem Aperol aufziehen. Das Glas, die Spritze und das Brausebonbon auf dem Tablett platzieren. Vor dem Trinkgenuss den Aperol in den Drink spritzen und das Brausebonbon hineingeben.

„Deine originellsten Ideen findest du immer in irgendeinem alten Buch wieder. Selbst wenn das Rezept nicht gleich ist, gibt es dieselben Gedankengänge wieder."

Matthew Bax, Besitzer

John Laurie, mit Genehmigung des Dumbo Feather Magazine

Eiswürfel herstellt, die jemals einen Drink zierten? Je größer nämlich der Eiswürfel, desto langsamer kühlt er den Drink. *Der Raum* ist Vorreiter des neuen Trends „Molekulare Mixologie". Diese Art der Zubereitung entspringt der Molekulargastronomie, die von dem gefeierten britischen Küchenchef Heston Blumenthal im *Fat Duck* in Bray zelebriert wird, und dem Studium der Geschmackswissenschaften. Es liegt nahe, dass sich Matthew Bax, Besitzer und Barmann von *Der Raum*, an dem berühmten Koch ein Beispiel genommen hat. Immer donnerstagabends betreiben die Barmänner ein „Testlabor", in dem sie mit neuen Mixturen experimentieren. Gäste dürfen aber jeden Abend einen Blick hinter die spektakuläre Bar werfen, wo Hunderte von Flaschen gleich einem dichten Wald von der Decke hängen, wo sie allesamt leicht erreichbar sind.

DER RAUM
438 Church Street
Richmond
3121 Melbourne
Victoria
Australien
+61 3 9428 0055
www.derraum.com.au

Öffnungszeiten
Dienstag bis Samstag
17.30 bis 01.00 Uhr

ALKOHOLFREIE COCKTAILS

Möglicherweise dürfen Sie keinen Alkohol trinken, weil Sie noch zu jung sind, oder Sie wollen sich von dem Trinkspaß der vergangenen Nacht erholen. Vielleicht müssen Sie auch noch Auto fahren. In jedem Fall ist die Auswahl alkoholfreier Cocktails – Mocktails genannt – ebenso interessant und köstlich ist wie die der alkoholischen.

SHIRLEY TEMPLE

FÜR 1 PERSON
4 cl Zitronensaft
1 cl Grenadine
1 cl Zuckersirup
grob gestoßenes Eis
Ginger Ale
1 Orangenscheibe

Zitronensaft, Grenadine und Zuckersirup mit Eiswürfeln in einen Shaker geben und kräftig schütteln. Ein gekühltes Longdrinkglas zur Hälfte mit gestoßenem Eis füllen und den Cocktail darüber abseihen. Mit Ginger Ale auffüllen und mit der Orangenscheibe garnieren.

Die blonden Locken, ihre tänzerischen Fähigkeiten und die ergreifenden Darstellungen von Waisenkindern machten Shirley Temple in den 1930er-Jahren zu einem enormen Kassenmagneten. Als die kleine Schauspielerin mit erwachsenen Filmstars Premieren besuchte und auf Partys ging, war sie zu jung, um das Gleiche zu trinken wie die Erwachsenen. Ein aufmerksamer Barmann mixte deshalb speziell für sie den originalen Kindercocktail. Als sie erwachsen wurde, Shirley Temple Black hieß und eine angesehene US-Diplomatin war, sagte sie angeblich einmal, dass sie den Cocktail nicht mochte, weil er ihr zu süß sei und sie niemals einen Cent an der Verwendung ihres Namens verdient habe.

CITRUS FIZZ

Diese pfiffige und erfrischende Abwandlung des klassischen Buck's Fizz eignet sich perfekt für die ganze Familie.

FÜR 1 PERSON
extrafeiner Zucker
4 cl frischer Orangensaft, gekühlt
1 Spritzer Limettensaft
einige Tropfen Angostura
4–6 cl kohlensäurehaltiges Mineralwasser, gekühlt

Eine Sektflöte mit Zuckerrand versehen. Orangensaft, Limettensaft und Angostura mit Eiswürfeln in einem Rührglas gut umrühren und den Cocktail in das Glas abseihen. Nach Belieben mit Mineralwasser auffüllen.

RANCH GIRL ▸

FÜR 1 PERSON
2 cl Limettensaft
2 cl Barbecuesauce
Worcestershiresauce
Tabasco
Tomatensaft
1 Limettenscheibe
1 eingelegte Peperoni

Limettensaft, Barbecuesauce, Worcestershiresauce und Tabasco mit Eiswürfeln in einen Shaker geben und kräftig schütteln, bis dieser deutlich beschlagen ist. In ein gekühltes Longdrinkglas gießen, mit Tomatensaft auffüllen und umrühren. Mit der Limettenscheibe und der eingelegten Peperoni garnieren.

BABY BELLINI ▸

FÜR 1 PERSON
4 cl Pfirsichsaft
2 cl Zitronensaft
Apfelschorle, gekühlt

Pfirsichsaft und Zitronensaft in eine gekühlte Sektflöte gießen und gut umrühren. Mit Apfelsaft auffüllen und erneut umrühren.

BITE OF THE APPLE ▲

FÜR 1 PERSON
fein gestoßenes Eis
100 ml Apfelsaft
2 cl Limettensaft
½ TL Orgeat
1 EL Apfelmus (Mandelsirup)
1 Prise Zimt

Gestoßenes Eis mit Apfelsaft, Limettensaft, Orgeat und Apfelmus in einen Mixer geben und glatt mixen. In ein gekühltes Whiskyglas oder großes Schnapsglas gießen und mit Zimt bestreuen.

BRIGHT GREEN COOLER ▲

FÜR 1 PERSON
6 cl Ananassaft
4 cl Limettensaft
2 cl grüner Pfefferminzsirup
grob gestoßenes Eis
Ginger Ale
1 Gurkenstreifen
1 Limettenscheibe

Ananassaft, Limettensaft und Pfefferminzsirup mit Eiswürfeln in einen Shaker geben und kräftig schütteln, bis dieser deutlich beschlagen ist. Ein gekühltes großes Longdrinkglas zur Hälfte mit gestoßenem Eis füllen und den Cocktail darüber abseihen. Mit Ginger Ale auffüllen und mit dem Gurkenstreifen und der Limettenscheibe garnieren.

Sangría Seca ist ein perfekter Longdrink für eine Party – nur Alkohol ist nicht dabei. Großartig für alle, die noch Auto fahren müssen, und für diejenigen, die dabei sein wollen, wenn sich andere einen Schwips antrinken.

SANGRÍA SECA ◂

FÜR 6 PERSONEN
500 ml Tomatensaft
250 ml Orangensaft
6 cl Limettensaft
1 cl Tabasco
2 TL Worcestershiresauce
1 Peperoni, die Samen entfernt und fein gehackt
Selleriesalz
frisch gemahlener weißer Pfeffer
grob gestoßenes Eis

Tomatensaft, Orangensaft, Limettensaft, Tabasco und Worcestershiresauce in einen Krug gießen. Die gehackte Peperoni hinzufügen und den Cocktail mit Selleriesalz und Pfeffer würzen. Gut umrühren und zugedeckt mindestens für 1 Stunde in den Kühlschrank stellen. Vor dem Servieren ein gekühltes Longdrinkglas zur Hälfte mit gestoßenem Eis füllen und den Cocktail darüber abseihen.

POM POM

Bei diesem Durstlöscher wird Limonade in einen opulenten rosafarbenen Drink mit einem schaumigen Topping verwandelt.

FÜR 1 PERSON
Saft von ½ Zitrone
1 Eiweiß
1 Spritzer Grenadine
gestoßenes Eis
Zitronenlimonade, gekühlt
1 Zitronenscheibe

Zitronensaft, Eiweiß und Grenadine mit Eiswürfeln in einen Shaker geben und kräftig schütteln. In ein zur Hälfte mit gestoßenem Eis gefülltes Longdrinkglas abseihen und mit Zitronenlimonade auffüllen. Die Zitronenscheibe an den Rand des Glases stecken.

COCOBERRY ◂

FÜR 1 PERSON
100 g Himbeeren
gestoßenes Eis
2 cl Kokoscreme
150 ml Ananassaft
1 Ananasspalte
einige Himbeeren

Die Himbeeren mit der Unterseite eines Löffels durch ein Metallsieb in einen Mixer streichen. Gestoßenes Eis, Kokoscreme und Ananassaft hinzufügen. Alle Zutaten glatt mixen und den Cocktail ohne Abseihen in ein gekühltes Whiskyglas oder Longdrinkglas gießen. Mit der Ananasspalte und den übrigen Himbeeren garnieren.

MOCHA SLUSH

Eindeutig ein Cocktail für Genießer mit einer Schwäche für Süßes. Ein Chocoholic-Traum, der sowohl Kinder als auch Erwachsene begeistert.

FÜR 1 PERSON
gestoßenes Eis
4 cl Kaffeesirup
2 cl Schokoladensirup
8 cl Milch
geraspelte Schokolade

Gestoßenes Eis, Kaffeesirup, Schokoladensirup und Milch in einen Mixer geben und zu einem halbgefrorenen Drink verarbeiten. In ein gekühltes Weinglas gießen und Schokoladenraspeln darüberstreuen.

SALTY PUPPY ▴

FÜR 1 PERSON
grober Streuzucker
grobes Salz
1 Limettenspalte
grob gestoßenes Eis
1 cl Limettensaft
Grapefruitsaft

Zucker und Salz zu gleichen Teilen auf einer Untertasse mischen. Mit der Limettenspalte den Rand eines gekühlten Longdrinkglases abreiben und das Glas in die Zucker-Salz-Mischung drücken, sodass ein Zucker-Salz-Rand entsteht. Das Glas mit gestoßenem Eis füllen und den Limettensaft darübergießen. Mit Grapefruitsaft auffüllen.

MINI COLADA ▲

Kinder lieben den Geschmack von Kokosnuss und Milch, daher dürfte dieser Cocktail gut ankommen.

FÜR 2 PERSONEN
120 ml kalte Milch
8 cl Ananassaft
6 cl Kokoscreme
2 Ananaswürfel
2 Ananasblätter
einige Cocktailkirschen

Milch, Ananassaft und Kokoscreme mit Eiswürfeln in einen Shaker geben und kräftig schütteln, bis dieser deutlich beschlagen ist. Mit weiteren Eiswürfeln in Longdrinkgläser gießen und jeweils mit einem Spieß aus Ananaswürfeln, einem Ananasblatt und einer Cocktailkirsche garnieren. Den Cocktail mit einem Strohhalm trinken.

KNICKS VICTORY COOLER ▲

FÜR 1 PERSON
grob gestoßenes Eis
4 cl Aprikosensaft
Himbeersaft
1 Orangenschalenspirale
einige Himbeeren

Ein gekühltes Longdrinkglas zur Hälfte mit gestoßenem Eis füllen. Aprikosensaft über das Eis gießen, mit Himbeersaft auffüllen und vorsichtig umrühren. Mit der Orangenschalenspirale und Himbeeren garnieren.

PEACHY CREAM ◂

FÜR 1 PERSON
5 cl Pfirsichsaft, gekühlt
5 cl Sahne
grob gestoßenes Eis

Pfirsichsaft und Sahne mit Eiswürfeln in einen Shaker geben und kräftig schütteln, bis dieser deutlich beschlagen ist. Ein gekühltes Longdrinkglas oder Whiskyglas zur Hälfte mit gestoßenem Eis füllen und den Cocktail darüber abseihen.

CLAM DIGGER

FÜR 1 PERSON
Tabasco
Worcestershiresauce
8 cl Tomatensaft
8 cl Muschelsaft
1 Spritzer Merrettichsauce
grob gestoßenes Eis
Selleriesalz
frisch gemahlener schwarzer Pfeffer
1 Selleriestängel
1 Limettenspalte

Saucen und Säfte mit Eiswürfeln in einen Shaker geben und kräftig schütteln. Ein gekühltes Longdrinkglas mit gestoßenem Eis füllen und den Cocktail darüber abseihen. Mit Selleriesalz und Pfeffer abschmecken und mit dem Selleriestängel und der Limettenspalte garnieren.

Der Clam Digger eignet sich für den Sonntagsbrunch – während ein alkoholischer Drink hier ermüdend wirken würde, regt dieser Cocktail Ihre Geschmacksknospen an und sorgt für gute Laune.

VIRGIN MARY

Eine alkoholfreie Bloody Mary (Seite 98).

FÜR 1 PERSON
6 cl Tomatensaft
2 cl Zitronensaft
2 Spritzer Worcestershiresauce
1 Spritzer Tabasco
grob gestoßenes Eis
Selleriesalz
schwarzer Pfeffer
1 Zitronenspalte
1 Selleriestängel

Die ersten fünf Zutaten in einen Shaker geben, mit Selleriesalz und schwarzem Pfeffer würzen und schütteln. In ein eisgekühltes Whiskyglas abseihen und mit der Zitronenspalte und dem Selleriestängel garnieren.

GINGER FIZZ

Ein cooler, erfrischender Cocktail für einen heißen Tag, den man am besten im Mixer zubereitet.

FÜR 1 PERSON
150 ml Ginger Ale
8 frische Minzeblätter
grob gestoßenes Eis
einige Himbeeren
1 Minzezweig

Ginger Ale und Minzeblätter in einen Mixer geben und kurz mixen. In ein gekühltes, zu zwei Dritteln mit gestoßenem Eis gefülltes Longdrinkglas abseihen. Mit dem Minzezweig garnieren.

SUNRISE ▲

FÜR 1 PERSON
grob gestoßenes Eis
4 cl Orangensaft, gekühlt
2 cl Zitronensaft, gekühlt
2 cl Grenadine
kohlensäurehaltiges Mineralwasser

Gestoßenes Eis in ein gekühltes Longdrinkglas füllen und Orangensaft, Zitronensaft und Grenadine darübergießen. Gut umrühren und mit Mineralwasser auffüllen.

PEACHY MELBA

FÜR 1 PERSON
6 cl Pfirsichsaft
2 cl Zitronensaft
2 cl Limettensaft
2 cl Grenadine
1 Pfirsichstück

Pfirsichsaft, Zitronensaft, Limettensaft und Grenadine mit Eiswürfeln in einen Shaker geben und kräftig schütteln, bis dieser deutlich beschlagen ist. In ein gekühltes Whiskyglas abseihen und mit Pfirsich garnieren.

PROHIBITION PUNCH ▲

FÜR 25 PERSONEN
1 l Apfelsaft
350 ml Zitronensaft
125 ml Zuckersirup
grob gestoßenes Eis
2,5 l Ginger Ale
Orangenscheiben

Apfelsaft, Zitronensaft und Zuckersirup in einen großen Krug gießen. Gestoßenes Eis und Ginger Ale hinzufügen. Vorsichtig umrühren. In gekühlten Longdrinkgläsern oder Whiskygläsern mit Orangenscheiben und Strohhalmen servieren.

ITALIAN SODA

Sirup ist in zahlreichen Geschmacksvarianten erhältlich. Natürlich können Sie den Haselnusssirup auch einfach durch Ihren Lieblingssirup ersetzen und die Menge nach Belieben anpassen.

FÜR 1 PERSON
gestoßenes Eis
3 cl Haselnusssirup
kohlensäurehaltiges Mineralwasser, gekühlt
1 Limettenscheibe

Ein gekühltes Longdrinkglas mit gestoßenem Eis füllen. Haselnusssirup über das Eis gießen und den Cocktail mit Mineralwasser auffüllen. Vorsichtig umrühren und mit der Limettenscheibe garnieren.

HEAVENLY DAYS ▲

FÜR 1 PERSON
4 cl Haselnusssirup
4 cl Zitronensaft
1 TL Grenadine
grob gestoßenes Eis
kohlensäurehaltiges Mineralwasser
1 Limettenscheibe
1 Sternfruchtscheibe

Haselnusssirup, Zitronensaft und Grenadine mit Eiswürfeln in einen Shaker geben und kräftig schütteln, bis dieser deutlich beschlagen ist. Ein gekühltes Longdrinkglas zur Hälfte mit gestoßenem Eis füllen und den Cocktail darüber abseihen. Mit Mineralwasser auffüllen. Vorsichtig umrühren und mit den Fruchtscheiben garnieren.

COOL COLLINS ▸

FÜR 1 PERSON
6 frische Minzeblätter
1 TL extrafeiner Zucker
4 cl Zitronensaft
grob gestoßenes Eis
kohlensäurehaltiges Mineralwasser
1 Minzezweig
½ Zitronenscheibe

Minzeblätter in ein gekühltes Longdrinkglas geben, dann Zucker und Zitronensaft hinzufügen. Die Blätter mit einem Löffel zerdrücken, bis sich der Zucker aufgelöst hat. Das Glas mit gestoßenem Eis füllen und mit Mineralwasser auffüllen. Langsam umrühren und mit dem Minzezweig und der Zitronenscheibe garnieren.

BANANA COFFEE BREAK

FÜR 2 PERSONEN
300 ml Milch
4 EL Instantkaffeepulver
150 g Vanilleeis
2 Bananen, in Scheiben und tiefgekühlt
brauner Zucker
frische Bananenscheiben

Milch und Kaffeepulver in eine Küchenmaschine geben und bei mittlerer Geschwindigkeit vermischen. Die Hälfte des Vanilleeises hinzufügen und untermixen, dann das übrige Eis dazugeben und gründlich vermischen. Bananen und nach Belieben Zucker hinzufügen. Alle Zutaten glatt mixen. Den Cocktail in Longdrink- oder Hurricanegläser gießen und mit Bananenscheiben garnieren.

Dank des Kaffees eignet sich der cremig schmeckende Banana Coffee Break vor allem für Erwachsene. Bei warmem Wetter ist er ein exzellenter Wachmacher.

ST CLEMENTS

FÜR 1 PERSON
grob gestoßenes Eis
4 cl frischer Orangensaft
4 cl Bitter Lemon
1 Orangenscheibe
1 Zitronenscheibe

Gestoßenes Eis in ein gekühltes Longdrinkglas füllen. Orangensaft und Bitter Lemon darübergießen. Langsam umrühren und mit der Orangenscheibe und der Zitronenscheibe garnieren.

CALIFORNIA SMOOTHIE

Das Geheimnis eines guten Smoothie besteht darin – ganz gleich ob mit oder ohne Alkohol –, dass die Zutaten bei mittlerer Geschwindigkeit gemixt werden.

FÜR 2 PERSONEN
1 Banane, in dünnen Scheiben
4 Erdbeeren, entstielt
4 Datteln, entsteint
1 EL flüssiger Honig
250 ml Orangensaft
4–6 Eiswürfel, gestoßen

Bananenscheiben, Erdbeeren, Datteln und Honig in einen Mixer geben und zu einem glatten Püree verarbeiten. Orangensaft dazugießen, das gestoßene Eis hinzufügen und erneut fein pürieren. In ein gekühltes Longdrinkglas gießen.

MOCHA CREAM

FÜR 2 PERSONEN
200 ml Milch
50 ml Sahne
1 EL brauner Zucker
2 EL ungesüßtes Kakaopulver
1 EL Kaffeesirup
6 Eiswürfel
etwas geschlagene Sahne
geraspelte Schokolade

Milch, Sahne und Zucker in eine Küchenmaschine geben und bei mittlerer Geschwindigkeit miteinander vermischen. Kakaopulver und Kaffeesirup hinzufügen und gründlich untermischen. Die Eiswürfel dazugeben und glatt mixen. Den Cocktail in gekühlte Longdrinkgläser gießen und mit der geschlagenen Sahne und den Schokoladenraspeln garnieren.

Das Rezept für den Mocha Cream scheint sehr reichhaltig zu sein, doch das Ergebnis ist ein leichter, bekömmlicher und köstlicher Drink.

RED APPLE SUNSET ▲

FÜR 1 PERSON
4 cl Apfelsaft
4 cl Grapefruitsaft
1 Spritzer Grenadine

Apfelsaft, Grapefruitsaft und Grenadine mit Eiswürfeln in einen Shaker geben und kräftig schütteln, bis dieser deutlich beschlagen ist. In ein gekühltes Martiniglas abseihen.

UNDER THE BOARDWALK ›

FÜR 1 PERSON
gestoßenes Eis
4 cl Zitronensaft
½ TL Zuckersirup
½ Pfirsich, geschält, entsteint und gehackt
kohlensäurehaltiges Mineralwasser
einige Himbeeren

Gestoßenes Eis mit Zitronensaft, Zuckersirup und dem Pfirsich im Mixer zu einem halbgefrorenen Drink vermischen. In ein gekühltes Longdrinkglas oder Whiskyglas gießen. Mit Mineralwasser auffüllen und kurz umrühren. Mit den Himbeeren garnieren.

COCONUT ISLANDER

FÜR 4 PERSONEN
1 Ananas
8 cl Ananassaft
4 EL Kokoscreme
8 cl Milch
2 EL gehackte Ananas
3 EL Kokosflocken
gestoßenes Eis
einige Kirschen

Das obere Ende der Ananas abschneiden und die Frucht aushöhlen. Den Großteil des Fruchtfleisches für ein Dessert aufheben, den Rest für den Cocktail verwenden. Alle Zutaten bis auf die Kirschen in einen Mixer geben und mit etwas gestoßenem Eis 30–40 Sekunden mixen. Den eiskalten Cocktail in die ausgehöhlte Ananas gießen, mit den Kirschen garnieren und mit Strohhalmen trinken.

COCOBELLE

Wenn Sie eine ruhige Hand haben, können Sie diesen Cocktail mit schönen Farbwirbeln verzieren.

FÜR 1 PERSON
6 cl kalte Milch
2 cl Kokoscreme
2 Kugeln Vanilleeis
3–4 Eiswürfel
Grenadine
geröstete oder frische Kokosraspeln

Milch, Kokoscreme und Vanilleeis mit den Eiswürfeln in einen Mixer geben und zu einem cremigen Drink verarbeiten. Etwas Grenadine an den Seiten eines gekühlten Longdrinkglases herunterlaufen lassen. Den Cocktail langsam so in das Glas gießen, dass sich die Farbstreifen nicht auflösen. Mit den Kokosraspeln garnieren.

NEW ENGLAND PARTY

FÜR 2–3 PERSONEN
grob gestoßenes Eis
1 Spritzer Tabasco
1 Spritzer Worcestershiresauce
1 TL Zitronensaft
1 mittelgroße Möhre, gehackt
2 Selleriestängel, gehackt
300 ml Tomatensaft
150 ml Muschelsaft
Salz und frisch gemahlener schwarzer Pfeffer
Selleriestängel zum Garnieren

Alle Zutaten bis auf Gewürze und Dekosellerie mit gestoßenem Eis in einem Mixer vermengen. Den Cocktail in einen Krug füllen und zugedeckt etwa 1 Stunde kühlen. In gekühlte Longdrinkgläser gießen und mit Salz und Pfeffer abschmecken. Mit dem Sellerie garnieren.

SLUSH PUPPY

Dieser erfrischende Cocktail sieht verführerisch aus, und Sie müssen kein Taxi bestellen, um unbeschadet nach Hause zu kommen.

FÜR 1 PERSON
Saft von 1 Zitrone oder von ½ rosa Grapefruit
1 cl Grenadine
einige Streifen Zitronenschale
2–3 TL Himbeersirup
Sodawasser
1 Maraschinokirsche

Ein Longdrinkglas mit Eiswürfeln füllen, dann Zitronen- oder Grapefruitsaft und Grenadine darübergießen. Zitronenschale, Himbeersirup und Sodawasser hinzufügen. Mit der Mraschinokirsche garnieren.

NONALCOHOLIC PIMM'S

FÜR 6 PERSONEN
450 ml Zitronenlimonade, gekühlt
500 ml Cola, gekühlt
450 ml Dry Ginger Ale, gekühlt
Saft von 1 Orange
Saft von 1 Zitrone
einige Tropfen Angostura
Obstscheiben
Minzezweige

Zitronenlimonade, Cola, Ginger Ale, Orangensaft, Zitronensaft und Angostura in einem großen Krug oder einem Bowlengefäß vermischen. Die Obstscheiben und die Minze hinzufügen und das Gefäß an einen kühlen Ort stellen. Im letzten Moment Eiswürfel hinzufügen. In gekühlten Longdrinkgläsern servieren.

Das Schöne am Nonalcoholic Pimm's ist die Tatsache, dass auch diejenigen, die noch Auto fahren müssen oder aus Altersgründen keinen Alkohol trinken dürfen, voll auf ihre Kosten kommen.

THAI FRUIT COCKTAIL

Vergewissern Sie sich bei der Zusammenstellung Ihrer bevorzugten Fruchtsaftkombination, dass auch exotischere Säfte zum Einsatz kommen.

FÜR 1 PERSON
2 cl Ananassaft
2 cl Orangensaft
1 cl Limettensaft
2 cl Maracujasaft
4 cl Guavensaft
gestoßenes Eis
1 essbare Blüte

Sämtliche Säfte mit gestoßenem Eis in einen Shaker geben und kräftig schütteln. In ein gekühltes Longdrinkglas gießen und mit der essbaren Blüte garnieren.

FRUIT COOLER ▲

Ein großartiger und gesunder Energiespender. Wenn Sie ihn zum Frühstück genießen, ist ein guter Start in den Tag gesichert.

FÜR 2 PERSONEN
250 ml Orangensaft
125 g Naturjoghurt
2 Eier
2 kleine Bananen, in Scheiben und tiefgekühlt
Bananenscheiben mit Schale

Orangensaft und Joghurt in einen Mixer gießen und bei niedriger Geschwindigkeit vermischen. Eier und gefrorene Bananenstücke hinzufügen und glatt mixen. Den Cocktail in Longdrink- oder Hurricanegläser gießen und den Glasrand jeweils mit einigen Bananenscheiben garnieren.

APPLE FRAZZLE

FÜR 1 PERSON
8 cl Apfelsaft
1 TL Zuckersirup
1 Spritzer Zitronensaft
kohlensäurehaltiges Mineralwasser

Apfelsaft, Zuckersirup und Zitronensaft mit Eiswürfeln in einen Shaker geben und kräftig schütteln, bis dieser deutlich beschlagen ist. In ein gekühltes Longdrinkglas abseihen und mit Mineralwasser auffüllen.

SOBER SUNDAY

Eine interessante Variante für diejenigen, die keinen Alkohol trinken oder noch Auto fahren müssen.

FÜR 1 PERSON
grob gestoßenes Eis
2 cl Grenadine
2 cl frischer Zitronen- oder Limettensaft
Zitronenlimonade
Zitronen- und Limettenscheiben

Grenadine und Zitrussaft in ein mit gestoßenem Eis gefülltes Longdrinkglas gießen. Mit Zitronenlimonade auffüllen und mit Zitronen- und Limettenscheiben garnieren.

FAUX KIR ROYALE ▲

FÜR 1 PERSON
4–6 Eiswürfel, grob gestoßen
3 cl Himbeersirup
Apfelschorle, gekühlt

Die Eiswürfel in ein Rührglas geben und den Himbeersirup darübergießen. Gut umrühren, dann in ein gekühltes Weinglas gießen. Mit Apfelschorle auffüllen und umrühren.

SKY BAR AT SIROCCO

BANGKOK

Die im 63. Stockwerk und in 247 m Höhe gelegene Freiluftbar *Sky Bar at Sirocco* ist dafür bekannt, selbst den abgebrühtesten Reiseautor zum Schwärmen zu bringen. In der buchstäblich atemberaubendsten Bar der Welt stellen viele Gäste, die sich zuvor für absolut schwindelfrei gehalten hatten, dies bei ihrem Besuch infrage. Man erreicht diesen außergewöhnlichen Ort mit dem Aufzug. Von der kuppelförmigen Etage im 64. Stockwerk des State Tower führt eine im Freien liegende geschwungene Treppe eine Etage tiefer auf eine offene Terrasse, die bei schlechtem Wetter überdacht wird. Auf der einen Seite befindet sich ein Restaurant, auf der anderen die ovale *Sky Bar*, die über den Rand des Wolkenkratzers hinausragt.

BERÜHMT FÜR

AUSSTATTUNG UND AUSSICHT

SKY BAR COSMOPOLITAN

FÜR 1 PERSON
2 EL Wodka
3 TL Grand Marnier
1½ TL Crème de Cassis
1½ TL Limettensaft
2 EL Cranberrysaft
Orangenschale

Wodka, Grand Marnier, Crème de Cassis, Limettensaft und Cranberrysaft mit Eiswürfeln in einem Shaker 10 Sekunden kräftig schütteln. In ein eisgekühltes Martiniglas abseihen und mit der Orangenschale garnieren.

„Die *Sky Bar Sirocco* ist eine der höchsten Freiluftbars der Welt und bietet einen überwältigenden Ausblick auf Bangkok."

Siriluk Pukalanont,
Senior-Restaurantmanager

Von Bangkoks zweithöchstem Wolkenkratzer aus wirken die Autos wie Ameisen und der Chao Phraya wie ein Rinnsal. Gäste berichten, dass die Stadt unter ihnen genauso weit entfernt zu sein scheint wie die Flugzeuge über ihren Häuptern. Eine Jazzband untermalt die Atmosphäre, und die Bar wird von blauem, rosa und grünem Licht erleuchtet – so wie die Stadt darunter – und wechselt nach einigen Minuten wieder die Farbe. Am meisten überrascht wird der Gast jedoch von den Cocktails. Gelingt es Ihnen, sich von dem umwerfenden Ausblick loszureißen und den Blick auf die Cocktailkarte zu richten, werden Sie feststellen, dass die Auswahl sehr umfangreich ist und nur Spirituosen von bester Qualität verwendet werden. Die Cocktails der *Sky Bar* sind für ihren Alkoholgehalt bekannt, jedoch gibt es für diejenigen, die in dieser berauschenden Atmosphäre lieber nüchtern bleiben, auch eine Auswahl alkoholfreier Drinks.

SKY BAR AT SIROCCO
The Dome at State Tower
1055 Silom Rd.
Bangrak
Bangkok 10500
+66 2 624 9555
www.thedomebkk.com

Täglich geöffnet
18.00 bis 01.00 Uhr

NACH DEM ESSEN

Ein guter Cocktail kann der ideale Abschluss für ein Essen sein. Ersetzen Sie das Dessert durch ein fruchtiges, cremiges Getränk, oder kurbeln Sie die Verdauung mit einem herberen Drink an. Unter den folgenden ausgewählten Rezepten finden Sie in jedem Fall etwas Passendes.

POUSSE-CAFÉ

Der Pousse-Café besteht aus Schichten verschiedenfarbiger Liköre. Jeder Likör hat eine andere Dichte, sodass er seine Position im Glas beibehält.

FÜR 1 PERSON
1 TL Grenadine
1 TL Crème de Menthe
1 TL Galliano
1 TL Kümmellikör
1 TL Brandy

Grenadine, Crème de Menthe, Galliano, Kümmellikör und Brandy eiskalt stellen.

Grenadine in ein gekühltes Schnaps- oder Pousse-Café-Glas gießen. Crème de Menthe über einen Löffelrücken auf die Grenadine träufeln. Mit Galliano, Kümmellikör und Brandy – in dieser Reihenfolge – fortfahren.

Genug der Theorie. In der Praxis braucht man ein gewisses Maß an Erfahrung, um die Liköre vorsichtig, aber gleichmäßig über einen Löffelrücken ins Glas zu gießen. Diese Fertigkeit ist jedoch erlernbar.

Für die Zubereitung eines Pousse-Cafés ist es unerlässlich, alle Liköre sehr gut zu kühlen. Außerdem sind sie immer in der im Rezept angegebenen Reihenfolge ins Glas zu geben. Wenn Sie dies nicht beherzigen, schmeckt der Cocktail zwar immer noch köstlich, aber in Ihrem Glas schwimmt dann ein unansehnliches Durcheinander, das den Namen Pousse-Café nicht verdient.

SAVOY SANGAREE ▸

Portwein ist ein bekannter Dessertwein. Hier wird er in einem raffinierten Cocktail verarbeitet.

FÜR 1 PERSON
6 Eiswürfel, grob gestoßen
2 cl Portwein
1 TL extrafeiner Zucker
frisch geriebene Muskatnuss

Das gestoßene Eis in ein Rührglas geben, Portwein und Zucker hinzufügen und umrühren, bis sich der Zucker gelöst hat. In ein gekühltes Martini- oder Whiskyglas abseihen. Zwei Eiswürfel zugeben und mit frisch geriebener Muskatnuss bestreuen.

VODKA ESPRESSO

Dieser Cocktail eignet sich bestens als Dessert und wird in der Regel mit Stolichnaya Vodka und Amarula gemixt, einem südafrikanischen Sahnelikör mit Karamellaroma.

FÜR 1 PERSON
grob gestoßenes Eis
4 cl Espresso oder starker Kaffee, gekühlt
2 cl Wodka
2 TL extrafeiner Zucker
2 cl Amarula

Gestoßenes Eis in einen Shaker geben. Kaffee, Wodka und Zucker zufügen. Den Shaker schließen und 10–20 Sekunden kräftig schütteln, bis er außen deutlich beschlagen ist. In ein Martiniglas abseihen und vorsichtig mit Amarula floaten.

STARS AND STRIPES ▸

FÜR 1 PERSON
1,5 cl Cherry Brandy, gekühlt
3 cl Sahne, gekühlt
1,5 cl Blue Curaçao, gekühlt

Cherry Brandy in ein gekühltes Schnaps- oder Pousse-Café-Glas gießen. Dann für eine zweite Schicht mit ruhiger Hand langsam die Sahne über einen Löffelrücken gießen und schließlich mit dem der Blue Curaçao genauso verfahren.

FANCY FREE

Der Trick bei diesem Schichtcocktail besteht darin, den Likör und das Glas im Gefrierschrank eiskalt zu stellen. Falls sich die Schichten beim Eingießen dann doch mischen sollten, lassen Sie den Drink etwas stehen, damit sie sich wieder voneinander absetzen können.

FÜR 1 PERSON
1 cl Cherry Brandy, geeist
1 cl Cointreau, geeist
1 cl Aprikosenlikör, geeist

Cherry Brandy in ein gekühltes Pousse-Café- oder Weinglas gießen. Cointreau über einen Löffelrücken darüberträufeln, mit dem Aprikosenlikör ebenso verfahren.

GODDAUGHTER ▲

FÜR 1 PERSON
4–6 Eiswürfel, gestoßen
4 cl Apple Brandy
2 cl Amaretto
1 EL Apfelmus
gemahlener Zimt

Das gestoßene Eis in einen Mixer geben und Apple Brandy, Amaretto und Apfelmus zufügen. Zu einer glatten Mischung verarbeiten und ohne Abseihen in ein gekühltes Weinglas gießen. Mit dem gemahlenen Zimt bestreuen und servieren.

GODSON

FÜR 1 PERSON
4–6 Eiswürfel, grob gestoßen
4 cl Amaretto
Orangensaft
1 Orangenscheibe

Das gestoßene Eis in ein gekühltes Longdrinkglas geben. Amaretto zufügen und mit dem Orangensaft auffüllen. Gut umrühren und mit der Orangenscheibe garnieren.

GOLDEN CADILLAC

FÜR 1 PERSON
2 cl Triple Sec
2 cl Galliano
2 cl Sahne

Den Rand eines gekühlten Martiniglases mit einem Zuckerrand versehen. Triple Sec, Galliano und Sahne mit Eiswürfeln kräftig im Shaker schütteln, bis dieser deutlich beschlagen ist. Die Mischung in das Martiniglas abseihen.

OLD PAL

FÜR 1 PERSON
4 cl Rye Whiskey
3 cl Campari
2 cl Vermouth Sweet

Rye Whiskey, Campari und Vermouth in einen Shaker mit Eiswürfeln gießen und kräftig schütteln, bis der Shaker deutlich beschlagen ist. In ein gekühltes Martiniglas abseihen.

Der Cocktail MQS ist nach Maria Stuart, der Königin von Schottland (Mary Queen of Scots), benannt. Seihen Sie diesen belebend kräftigen Drink gut ab, da er durch Verwässern stark an Charakter verliert.

MQS

FÜR 1 PERSON
4–6 Eiswürfel, grob gestoßen
4 cl Scotch Whisky
2 cl Drambuie
2 cl grüner Chartreuse

Den Rand eines gekühlten Martiniglases mit einem Zuckerrand versehen. Das gestoßene Eis in ein Rührglas geben und Scotch Whisky, Drambuie und Chartreuse zugießen. Umrühren und in das vorbereitete Glas abseihen.

TRICOLOR

FÜR 1 PERSON
2 cl Crème de Menthe, gekühlt
2 cl Baileys Irish Cream, gekühlt
2 cl roter Maraschino, gekühlt

Crème de Menthe in ein gekühltes großes Schnapsglas gießen. Dann für eine zweite Schicht Baileys Irish Cream mit ruhiger Hand langsam über einen Löffelrücken gießen und schließlich mit dem Maraschino behutsam ebenso verfahren.

BLACK WIDOW

Dieser Cocktail ist nicht so gefährlich, wie der Name vermuten lässt, aber wenn Sie die Abenteuerlust packt, genießen Sie ihn doch einmal pur „on the rocks"!

FÜR 1 PERSON
2 cl brauner Rum
1 cl Southern Comfort
Saft von ½ Limette
1 Spritzer Curaçao
Sodawasser
1 Limettenschalenspirale

Rum, Southern Comfort, Limettensaft und Curaçao mit Eiswürfeln in einem Shaker kräftig schütteln und in ein gekühltes Longdrinkglas abseihen. Mit Sodawasser auffüllen und mit der Limettenschalenspirale garnieren.

ELK'S OWN

FÜR 1 PERSON
4 cl Rye Whiskey
2 cl roter Portwein
1 cl Zitronensaft
1 TL Zuckersirup
1 Eiweiß
1 Sternfruchtscheibe

Rye Whiskey, Portwein, Zitronensaft, Zuckersirup und Eiweiß mit Eiswürfeln im Shaker kräftig schütteln, bis dieser deutlich beschlagen ist. In ein gekühltes Martiniglas abseihen und mit der Sternfruchtscheibe garnieren.

BACCARAT ▸

Schon immer wurden Cocktails gern in Spielkasinos genossen, daher sind sie untrennbar mit der Atmosphäre von Risiko und Wetteinsatz verknüpft.

FÜR 1 PERSON
2 cl Jack Daniels
1 cl Dubonnet
2 Spritzer Crème de Cassis

Jack Daniels, Dubonnet und Crème de Cassis mit Eiswürfeln kräftig im Shaker schütteln, bis dieser deutlich beschlagen ist. In ein gekühltes Martiniglas abseihen.

GODMOTHER ▴

FÜR 1 PERSON
4–6 Eiswürfel, grob gestoßen
4 cl Wodka
2 cl Amaretto

Das gestoßene Eis in ein gekühltes Whiskyglas geben, Wodka und Amaretto darübergießen und umrühren.

Bei dem Rezept handelt es sich um eine Variante des Godfather, eines beliebten Cocktails der 1970er, der ebenfalls den italienischen Likör Amaretto enthält.

CHERRYCOLA

FÜR 1 PERSON
6–8 Eiswürfel, grob gestoßen
4 cl Cherry Brandy
2 cl Zitronensaft
Cola
1 Zitronenscheibe

Ein gekühltes Longdrinkglas oder Whiskyglas zur Hälfte mit dem gestoßenen Eis füllen. Cherry Brandy und Zitronensaft darübergießen. Mit Cola auffüllen, vorsichtig umrühren und mit der Zitronenscheibe garnieren.

GODCHILD

FÜR 1 PERSON
4–6 Eiswürfel, gestoßen
3 cl Amaretto
2 cl Wodka
2 cl Sahne

Das gestoßene Eis mit Amaretto, Wodka und Sahne im Mixer zu einer glatten Mischung verarbeiten, dann in eine gekühlte Sektflöte gießen.

B52

Der dunkle Crème de Cacao in diesem Rezept lässt sich gut durch Kahlúa ersetzen.

FÜR 1 PERSON
2 cl dunkler Crème de Cacao, gekühlt
2 cl Baileys Irish Cream, gekühlt
2 cl Grand Marnier, gekühlt

Crème de Cacao in ein Schnaps- oder Pousse-Café-Glas gießen. Dann für eine zweite Schicht Baileys Irish Cream langsam mit ruhiger Hand über einen Löffelrücken darübergießen und schließlich mit dem Grand Marnier genauso verfahren.

BEADLESTONE ▲

FÜR 1 PERSON
4–6 Eiswürfel, grob gestoßen
4 cl Scotch Whisky
3 cl Vermouth Dry

Das gestoßene Eis in ein Rührglas geben, Scotch Whisky und Vermouth darübergießen. Gut umrühren und in ein gekühltes Martiniglas abseihen.

INDIAN SUMMER

Der Kaffeelikör gibt diesem Longdrink die ganz besondere Note. Mit Crème de Noyaux oder Crème de Cacao schmeckt er aber auch ausgezeichnet.

FÜR 1 PERSON
2 cl Wodka
4 cl Kahlúa
2 cl Gin
4 cl Ananassaft
Tonic Water
1 Limettenscheibe
1 Gurkenscheibe

Die ersten vier Zutaten mit Eiswürfeln in einem Shaker schütteln, bis dieser beschlagen ist. In ein Martini- oder Weinglas abseihen und mit Tonic Water auffüllen. Mit der Limetten- und der Gurkenscheibe garnieren.

AVALANCHE

Diese üppige Kombination aus dem Mandel- und Aprikosenaroma von Amaretto, Brandy und Fruchtsaft schmeckt nach einem Essen besonders köstlich und kann ein Dessert ersetzen.

FÜR 1 PERSON
2 cl Amaretto
1 cl Apricot Brandy
2 cl Aprikosen- oder Mangosaft
1 Kugel Vanilleeis

Amaretto, Apricot Brandy und Aprikosen- oder Mangosaft mit der Eiscreme im Mixer zu einer schaumigen Mischung verarbeiten. In ein geeistes Martiniglas gießen und mit einem Strohhalm trinken.

COWBOY

In Filmen trinken Cowboys ihren Whiskey pur, oft nachdem sie den Korken mit den Zähnen aus der Flasche gezogen haben. Es fällt schwer, sich John Wayne oder Clint Eastwood an einem Martiniglas nippend vorzustellen, also verwenden Sie am besten ein Whiskyglas.

FÜR 1 PERSON
6 cl Rye Whiskey
2 EL Sahne

Rye Whiskey und Sahne mit Eiswürfeln in einem Shaker kräftig schütteln, bis dieser deutlich beschlagen ist. In ein gekühltes Whiskyglas abseihen.

OSBORNE

Dieser Cocktail ist nach der Residenz von Königin Victoria auf der Isle of Wight benannt und gehörte offenbar zu den Lieblingsdrinks Ihrer Majestät.

FÜR 1 PERSON
6 cl Clairet
2 cl Scotch Whisky

Clairet und Scotch Whisky in ein Weinglas gießen, umrühren und servieren.

JEALOUSY

Steht Ihnen der Sinn nach Abwechslung, können Sie die Sahne in diesem wunderbaren After-Dinner-Cocktail auch einmal mit einem anderen Likör aromatisieren.

FÜR 1 PERSON
1–2 EL Sahne, mind. 35 % Fett
1 TL Crème de Menthe
4 cl Kaffee- oder Schokoladenlikör
Schokoladenstäbchen

Die Sahne mit der Crème de Menthe behutsam steif aufschlagen. Kaffee- oder Schokoladenlikör in ein kleines geeistes Martiniglas gießen und die aromatisierte Sahne vorsichtig darüberlöffeln. Mit Schokoladenstäbchen servieren.

WHISKEY SOUR

Dieser Drink stammt aus dem tiefen Süden der USA und wird traditionell mit bestem Rye Whiskey zubereitet. Es existieren aber auch Varianten mit Wodka, Gin oder anderen Spirituosen.

FÜR 1 PERSON
2 cl Zitronen- oder Limettensaft
4 cl Blended Rye Whiskey
1 TL extrafeiner Zucker oder Gomme-Sirup
1 Zitronen- oder Limettenscheibe
1 Cocktailkirsche

Zitronen- oder Limettensaft, Blended Rye Whiskey und Zucker bzw. Gomme-Sirup mit Eiswürfeln in einem Shaker kräftig schütteln und in ein Sourglas abseihen. Mit der Zitronen- oder Limettenscheibe und der Kirsche garnieren.

MUDSLIDE

Trotz seines unheilvollen Namens kann man diesen kräftigen, cremigen Mix bei jedem Wetter genießen.

FÜR 1 PERSON
3 cl Kahlúa
3 cl Baileys Irish Cream
3 cl Wodka

Kahlúa, Baileys Irish Cream und Wodka mit Eiswürfeln kräftig im Shaker schütteln, bis dieser deutlich beschlagen ist. In ein gekühltes Weinglas abseihen.

BLACK BUSH

Das charakteristische warme, üppige Eichenaroma des Bourbons wird hier durch den Sloe Gin besonders betont.

FÜR 1 PERSON
3 cl Bourbon
3 cl Sloe Gin
4–6 Eiswürfel, grob gestoßen
1 frische Kirsche

Bourbon und Sloe Gin mit dem gestoßenen Eis verrühren. In ein gekühltes Martiniglas abseihen und mit der frischen Kirsche garnieren.

AMARETTO STINGER

FÜR 1 PERSON
4 cl Amaretto
2 cl weißer Crème de Menthe

Amaretto und Crème de Menthe mit Eiswürfeln in einen Shaker geben. Kräftig schütteln, bis er deutlich beschlagen ist. In ein gekühltes Martini- oder Whiskyglas abseihen.

GENOESE

FÜR 1 PERSON
2 cl Wodka
2 cl Grappa
1 cl Sambuca
1 cl Vermouth Dry

Wodka, Grappa, Sambuca und Vermouth Dry mit Eiswürfeln im Shaker kräftig schütteln, bis dieser deutlich beschlagen ist. In ein gekühltes Martiniglas abseihen

RASPBERRY LIFTOFF

Nach einer opulenten Mahlzeit sorgt dieser perlende Cocktail mit seinen fruchtigen Aromen für einen Energiestoß. Am besten schmeckt er mit frischem Saft und frischen Früchten.

FÜR 1 PERSON
2 cl Himbeer-Wodka
2 cl frischer Himbeersaft
2 cl Orangensaft
Champagner, gekühlt
Himbeeren

Himbeer-Wodka, Himbeersaft und Orangensaft mit Eiswürfeln im Shaker kräftig schütteln, bis dieser deutlich beschlagen ist. In eine gekühlte Sektflöte abseihen und mit dem Champagner aufgießen. Leicht umrühren und mit den Himbeeren garnieren.

WHISKEY SANGAREE

FÜR 1 PERSON
6 Eiswürfel, grob gestoßen
4 cl Bourbon
1 TL Zuckersirup
Sodawasser
1 EL roter Portwein
frisch geriebene Muskatnuss

Das gestoßene Eis in ein gekühltes Whiskyglas geben. Bourbon und Zuckersirup darübergießen und mit Sodawasser auffüllen. Leicht umrühren und mit dem Portwein floaten. Mit der frisch geriebenen Muskatnuss bestreuen.

ASHLEY WILKES

Ashley Wilkes ist das Objekt Scarlett O'Haras' Begierde in *Vom Winde verweht*. Dieses Rezept atmet unverkennbar den Geist der Südstaaten.

FÜR 1 PERSON
4 Zweige frische Minze
1 TL Zucker
1 Spritzer Limettensaft
6 Eiswürfel, grob gestoßen
4 cl Bourbon
2 cl Peach Brandy

Drei der Minzezweige in einem gekühlten Longdrinkglas zerdrücken. Zucker, Limettensaft und das gestoßene Eis hinzufügen. Bourbon und Peach Brandy darübergießen und umrühren. Mit dem übrigen Minzezweig garnieren.

TOFFEE SPLIT

Nach diesem Cocktail brauchen Sie wahrlich kein Dessert mehr, aber er schmeckt auch köstlich zu Eiscreme.

FÜR 1 PERSON
gestoßenes Eis
4 cl Drambuie
2 cl Toffeelikör, geeist

Ein Whiskyglas mit gestoßenem Eis füllen. Drambuie zugießen und dann den Toffeelikör vorsichtig so am Glasrand einfüllen, dass er eine zweite Schicht bildet. Sofort trinken.

KENTUCKY ORANGE BLOSSOM

FÜR 1 PERSON
4 cl Bourbon
2 cl Orangensaft
1 cl Triple Sec
1 Orangenspalte

Bourbon, Orangensaft und Triple Sec mit Eiswürfeln kräftig im Shaker schütteln, bis dieser deutlich beschlagen ist. In ein gekühltes Martiniglas abseihen und mit der Orangenspalte garnieren.

OLD ETONIAN ▲

FÜR 1 PERSON

6–8 Eiswürfel, grob gestoßen

1 Spritzer Crème de Noyaux

1 Spritzer Orangenbitter

2 cl Gin

2 cl Lillet

Orangenschale

Das gestoßene Eis in ein Rührglas geben und je einen Spritzer Crème de Noyaux und Orangenbitter zufügen, dann den Gin und den Lillet. Gut umrühren. In ein gekühltes Martiniglas abseihen. Vor dem Servieren ein Stück Orangenschale über dem Glas ausdrücken.

THISTLE ▲

FÜR 1 PERSON

4–6 Eiswürfel, grob gestoßen

1 Spritzer Angostura

4 cl Scotch Whisky

3 cl Vermouth Sweet

Das gestoßene Eis in ein Rührglas geben. Einen Spritzer Angostura zufügen, dann Scotch Whisky und Vermouth darübergießen. Gut umrühren und in ein gekühltes Martiniglas abseihen.

GREAT DANE

FÜR 1 PERSON
4 cl Gin
2 cl Cherry Brandy
1 cl Vermouth Dry
1 TL Kirschwasser
Zitronenschalenspiralen

Gin, Cherry Brandy, Vermouth und Kirschwasser mit Eiswürfeln im Shaker kräftig schütteln, bis dieser deutlich beschlagen ist. In ein gekühltes Martini- oder Longdrinkglas abseihen und mit den Zitronenschalenspiralen garnieren.

BLACK RUSSIAN

Die Geschichte kennt Russen nur in Weiß und Rot, dabei ist die Auslassung des Black Russian ein wirklich trauriges Versäumnis. Als Kaffeelikör können Sie ganz nach Geschmack entweder Tia Maria oder Kahlúa verwenden. Letzterer ist süßer.

FÜR 1 PERSON
4–6 Eiswürfel, grob gestoßen
4 cl Wodka
2 cl Kaffeelikör

Wodka und Kaffeelikör über das gestoßene Eis in ein gekühltes Whiskyglas gießen. Umrühren.

Für einen White Russian zunächst einen Black Russian mixen und dann über einen Esslöffel mit flüssiger Sahne floaten. Für einen Red Russian den Kaffeelikör durch Cherry Brandy ersetzen, jedoch keine Sahne zufügen.

LONG GONE ▸

FÜR 1 PERSON
4 cl Bourbon
2 cl Drambuie
2 cl Orangensaft
1 Spritzer Orangenbitter
1 Orangenspalte

Bourbon, Drambuie, Orangensaft und Orangenbitter mit Eiswürfeln im Shaker kräftig schütteln, bis dieser deutlich beschlagen ist. In ein gekühltes Martiniglas abseihen. Mit der Orangenspalte garnieren.

FIFTH AVENUE

In After-Dinner-Cocktails findet sich häufig Sahne – dieser bietet zusätzlich die zarten Aromen von Aprikose und Kakao.

FÜR 1 PERSON
2 cl dunkler Crème de Cacao, geeist
2 cl Apricot Brandy, geeist
2 cl Sahne

Crème de Cacao in ein gekühltes Martiniglas gießen. Über den Rücken eines an den Glasrand gelehnten Löffels vorsichtig eine Schicht Apricot Brandy dazugießen. Mit der Sahne wiederholen. Jede Schicht sollte auf der vorherigen schwimmen.

CHOCOLATE STINGER ▸

Ein Stinger enthält immer Crème de Menthe. Er wurde in den Tagen der Prohibition ersonnen: Der süße, minzige Likör sollte den Geschmack des damals erhältlichen Fusels überdecken.

FÜR 1 PERSON
2 cl dunkler Crème de Cacao
2 cl weißer Crème de Menthe

Crème de Cacao und Crème de Menthe in einen Shaker mit Eiswürfeln gießen. Kräftig schütteln, bis er deutlich beschlagen ist. In ein gekühltes Martini- oder Whiskyglas abseihen.

LE BAR, HOTEL GEORGE V

PARIS

Das preisgekrönte Hotel *George V*, eröffnet 1928 mit einer glamourösen Cocktailparty zur Feier des Stapellaufs eines Transatlantikschiffs, blickt auf eine glanzvolle Geschichte zurück. In der französischen Hauptstadt gibt es heute zahllose trendige Bars. Diese jedoch – es gibt noch andere mit ähnlichem Namen – wird immer wieder als Belle-Époque-Oase in einer modernen Stadt bejubelt.

Auch das Barpersonal muss lobend erwähnt werden, weil es nicht nur untadelig professionell, sondern auch höflich und freundlich arbeitet, ohne den leichtesten Hauch der Pariser *hauteur*. Sowohl die Damen der High Society und die wohlhabenden Financiers, die regelmäßig zum Aperitif vorbeikommen, als auch diejenigen, für die

BERÜHMT FÜR

ZEITLOSE ELEGANZ

TIME WAITS FOR NO ONE

Zwar ist *Le Bar* vor allem für die Auswahl an Martinis berühmt, führt seit Neustem jedoch auch eine Karte mit einigen der weltältesten Brandys, Cognacs, Whiskeys und anderen Spirituosen.

FÜR 1 PERSON
grob gestoßenes Eis
120 ml brauner Rum
2 TL Honig
1 Zimtstange

Ein Martiniglas mit gestoßenem Eis füllen und stehen lassen, bis das Eis das Glas gekühlt hat. Rum und Honig in einem Shaker schütteln. Mischung über das Eis gießen und mit der Zimtstange umrühren. Mit der Zimtstange garnieren.

„In *Le Bar* kommt eine wunderbare Mischung aus Parisern und internationalen Hotelgästen zusammen, ganz zu schweigen von einigen Berühmtheiten. Dieses großartige Publikum macht eine typische Pariser Bar daraus – gastlich und warm."

Johann Burgos, Barmeister

ein Besuch in dieser Bar etwas Besonderes ist, werden wie Könige behandelt. Auf elegantere Kleidung sollte geachtet werden.

Der Raum selbst ist gemütlich mit Mahagoni und passenderweise als cognacfarben beschriebenem Holz verkleidet. Während sich die Gäste auf opulenten Ledersofas räkeln, können sie durch das große Fenster auf die Avenue George V schauen.

Einige der älteren Stammgäste erinnern sich liebevoll an die Barmixer, die „internationale Mixpässe" ausstellten und die Bar in den 1950er- und 1960er-Jahren noch legendärer machten. Aber auch das heutige Personal legt die Latte hoch mit Champagner-Specials und den stilvoll servierten Frucht-Martinis.

Das Hotel wurde vom *Four Seasons* in den späten 1990er-Jahren renoviert, aber seine bezaubernde altehrwürdige Bar war stets ein erstklassiges Andenken an die Blütezeit der Cocktail-Ära.

LE BAR
FOUR SEASONS HOTEL GEORGE V
31, Avenue George V
(nahe Rue Pierre Charron)
75008 Paris
+33 1 49 52 70 00
www.fourseasons.com/paris

Täglich geöffnet
Sonntag bis Freitag: 10.00 bis 01.00 Uhr
Samstag: 10.00 bis 02.00 Uhr
(15.00 bis 18.00 Uhr: Cocktails
18.00 bis 24.00 Uhr: kleine Gerichte)

EIN ABEND IN DER COCKTAILBAR

In geselliger Runde ist der Genuss von Cocktails einfach eine ungemein vergnügliche Angelegenheit – wobei es jedoch nicht darum gehen sollte, möglichst viel Alkohol zu konsumieren. Wenn Sie den Abend in einer Cocktailbar verbringen möchten, lassen Sie sich doch einmal einen oder mehrere der folgenden Köstlichkeiten mixen.

TEQUILA SLAMMER

Slammer werden auch als Shooter bezeichnet. Sie zeichnen sich dadurch aus, dass die Zutaten direkt ins Glas gegossen und nicht umgerührt werden. Dann wird das Glas mit einer Hand abgedeckt, um nichts zu verschütten, der Drink durch kräftiges Aufschlagen auf den Tisch gemixt und in einem Zug ausgetrunken. Verwenden Sie dazu auf jeden Fall ein robustes Glas.

FÜR 1 PERSON
2 cl weißer Tequila, gekühlt
2 cl Zitronensaft
Schaumwein, gekühlt

Tequila und Zitronensaft in ein großes gekühltes Schnapsglas gießen. Mit Schaumwein auffüllen. Glas mit der Hand abdecken und kräftig auf den Tisch schlagen.

Der Name dieses Cocktails verrät die Art, wie er gewöhnlich getrunken wird („to slam“: englisch für „schlagen“). Durch das Aufschlagen werden Kohlendioxidbläschen freigesetzt, die den Drink lebhaft schäumen lassen. Er sollte in einem Zug ausgetrunken werden, da die Bläschen sonst zerplatzen.

Bei der Zubereitung zu Hause können Sie den Schaumwein durch Zitronenlimonade oder Ginger Ale ersetzen. Sie können auch echten Champagner verwenden, dann heißt der Drink Slammer Royale.

Slammer oder Shooter machen oft schnell betrunken. Dies verschärft sich oft noch in einer Gruppe, wenn sie um die Wette getrunken werden.

ALABAMA SLAMMER

Klein, aber mit idealen Proportionen – ein Shooter mit echtem Südstaaten-Flair.

FÜR 1 PERSON
gestoßenes Eis
2 cl Southern Comfort
2 cl Amaretto
2 cl Sloe Gin
1 Spritzer Zitronensaft

Southern Comfort, Amaretto und Sloe Gin über gestoßenes Eis in ein Rührglas gießen und umrühren. In ein großes Schnapsglas abseihen und Zitronensaft zufügen. Mit der Hand abdecken und kräftig auf den Tisch schlagen.

ANKLE BREAKER ▲

FÜR 1 PERSON
4 cl brauner Rum
2 cl Cherry Brandy
2 cl Limettensaft
1 TL Zuckersirup

Rum, Cherry Brandy, Limettensaft und Zuckersirup mit Eiswürfeln in einem Shaker schütteln, bis dieser deutlich beschlagen ist. In ein gekühltes Longdrink- oder Whiskyglas abseihen.

STAR WARS ▸

„Vor langer Zeit in einer weit entfernten Galaxie …" wurde dieser Cocktail erfunden – oder auch nicht.

FÜR 1 PERSON
4 cl Gin
4 cl Zitronensaft
2 cl Galliano
2 cl Crème de Noyaux
1 Zitronenschalenspirale

Gin, Zitronensaft, Galliano und Crème de Noyaux mit Eiswürfeln kräftig in einem Shaker schütteln, bis dieser deutlich beschlagen ist. In ein gekühltes Martiniglas abseihen und mit der Zitronenschalenspirale garniert servieren.

HUATUSCO WHAMMER

FÜR 1 PERSON
2 cl weißer Tequila
1 cl weißer Rum
1 cl Wodka
1 cl Gin
1 cl Triple Sec
2 cl Zitronensaft
½ TL Zuckersirup
grob gestoßenes Eis
Cola

Tequila, Rum, Wodka, Gin, Triple Sec, Zitronensaft und Zuckersirup mit Eiswürfeln kräftig im Shaker schütteln, bis dieser deutlich beschlagen ist. Ein gekühltes Longdrinkglas mit gestoßenem Eis füllen und den Cocktail hineinseihen. Mit Cola auffüllen, vorsichtig umrühren und mit einem Strohhalm servieren.

JOHN WOOD

FÜR 1 PERSON
grob gestoßenes Eis
4 cl Vermouth Sweet
1 cl Kümmelschnaps
1 cl Irish Whiskey
2 cl Zitronensaft
1 Spritzer Angostura

Vermouth, Kümmelschnaps, Irish Whiskey, Zitronensaft und Angostura mit gestoßenem Eis in einem Shaker kräftig schütteln, bis dieser deutlich beschlagen ist. In ein gekühltes Weinglas abseihen.

Wermut ist eine vielseitige Cocktailzutat mit mehr als 50 Kräutern und Gewürzen und passt gut zu vielen Spirituosen. Als Grundlage für Cocktails war seine Beliebtheit gesunken, inzwischen feiert er jedoch ein Comeback.

CHESHIRE CAT ▸

Dieser köstliche Drink zaubert ganz sicher ein Lächeln auf Ihr Gesicht, wie das von Alice berühmter Grinsekatze.

FÜR 1 PERSON
grob gestoßenes Eis
2 cl Brandy
2 cl Vermouth Sweet
2 cl Orangensaft
Champagner, gekühlt
Orangenschale

Brandy, Vermouth und Orangensaft in ein Rührglas mit gestoßenem Eis gießen. Gut umrühren, dann in eine gekühlte Sektflöte abseihen und mit dem Champagner aufgießen. Orangenschale über dem Glas ausdrücken.

CHERRY KITSCH

Ein samtweicher, fruchtiger Cocktail mit einer kräftigen Brandynote. Ein Schuss Maraschino zum Schluss würde auch gut dazu passen.

FÜR 1 PERSON
gestoßenes Eis
2 cl Cherry Brandy
4 cl Ananassaft
1 cl Kirschwasser
1 Eiweiß
1 gefrorene Maraschinokirsche

Cherry Brandy, Ananassaft, Kirschwasser und Eiweiß mit gestoßenem Eis in einem Shaker kräftig schütteln, bis dieser deutlich beschlagen ist. In ein gekühltes Longdrinkglas gießen und mit der Maraschinokirsche garnieren.

MAGNOLIA BLOSSOM ▸

FÜR 1 PERSON
4 cl Gin
2 cl Zitronensaft
2 cl Sahne

Gin, Zitronensaft und Sahne mit Eiswürfeln in einem Shaker kräftig schütteln, bis dieser deutlich beschlagen ist. In ein gekühltes Martiniglas abseihen.

CONEY ISLAND BABY ▸

FÜR 1 PERSON
4 cl Pfefferminzschnaps
2 cl dunkler Crème de Cacao
grob gestoßenes Eis
Sodawasser

Pfefferminzschnaps und Crème de Cacao mit Eiswürfeln kräftig im Shaker schütteln, bis dieser deutlich beschlagen ist. Ein gekühltes Whiskyglas mit gestoßenem Eis füllen und den Cocktail hineinseihen. Mit Sodawasser aufgießen.

VIVE LA FRANCE ◂

FÜR 1 PERSON
2 cl Maraschino, gekühlt
2 cl Blue Curaçao, gekühlt
2 cl Grenadine, gekühlt

Maraschino in ein gekühltes Schnapsglas gießen. Dann für eine zweite Schicht langsam den Blue Curaçao mit ruhiger Hand über einen Löffelrücken gießen und schließlich mit dem Grenadine genauso verfahren.

VOODOO

Diese aufregende Mischung von Aromen verzaubert garantiert Ihre Geschmacksknospen und zieht Sie vom ersten Schluck an in ihren Bann.

FÜR 1 PERSON
1 cl Kahlúa, gekühlt
1 cl Malibu, gekühlt
1 cl Butterscotch-Schnaps, gekühlt
2 cl Milch, gekühlt

Kahlúa, Malibu, Butterscotch-Schnaps und Milch in ein Longdrinkglas gießen und gut umrühren.

FLYING SCOTSMAN ▲

FÜR 1 PERSON

4–6 Eiswürfel, gestoßen

1 Spritzer Angostura

4 cl Scotch Whisky

2 cl Vermouth Sweet

1 Spritzer Zuckersirup

Das gestoßene Eis in einen Mixer geben, einen Spritzer Angostura zufügen und Scotch Whisky, Vermouth und Zuckersirup zugießen. Zu einem halbgefrorenen Drink verarbeiten und in ein gekühltes Whiskyglas gießen.

BANANA SLIP ▲

FÜR 1 PERSON

2 cl Crème de Banane, gekühlt

2 cl Baileys Irish Cream, gekühlt

Crème de Banane in ein Schnapsglas gießen. Dann in einer zweiten Schicht mit ruhiger Hand vorsichtig Baileys Irish Cream darübergießen.

AURORA BOREALIS ◂

FÜR 1 PERSON
2 cl Grappa oder Wodka, gekühlt
2 cl grüner Chartreuse, gekühlt
1 cl Orange Curaçao, gekühlt
einige Tropfen Crème de Cassis, gekühlt

Grappa oder Wodka am Rand in ein geeistes Schnapsglas laufen lassen. Chartreuse an der anderen Seite des Glases herunterlaufen lassen. Orange Curaçao langsam in die Mitte gießen; kurz vor dem Servieren einige Tropfen Crème de Cassis dazugeben. Nicht mischen. Langsam trinken.

FRENCH KISS

FÜR 1 PERSON
4 cl Bourbon
2 cl Aprikosenlikör
2 TL Grenadine
1 TL Zitronensaft

Bourbon, Aprikosenlikör, Grenadine und Zitronensaft mit Eiswürfeln kräftig in einem Shaker schütteln, bis dieser deutlich beschlagen ist. In ein gekühltes Martiniglas abseihen.

Der spektakuläre Aurora Borealis darf weder gemixt noch umgerührt werden. Lassen Sie die Farben im Glas ineinanderfließen, und versuchen Sie, die einzelnen Aromen herauszuschmecken.

FIREMAN'S SOUR ▸

FÜR 1 PERSON
4 cl weißer Rum
3 cl Limettensaft
1 EL Grenadiine
1 TL Gomme-Sirup
1 Cocktailkirsche

Rum, Limettensaft, Grenadine und Gomme-Sirup mit Eiswürfeln im Shaker schütteln, bis dieser deutlich beschlagen ist. In ein Martiniglas abseihen und mit der Cocktailkirsche garnieren.

BROADWAY SMILE ▴

FÜR 1 PERSON
2 cl Triple Sec, gekühlt
2 cl Crème de Cassis, gekühlt
2 cl Swedish Punch, gekühlt

Triple Sec in ein gekühltes Whiskyglas gießen. Mit ruhiger Hand Crème de Cassis so daraufgießen, dass die Schichten sich nicht vermischen, dann mit dem Swedish Punsch als dritte Schicht genauso verfahren.

FLYING GRASSHOPPER

Diesen Cocktail gibt es in zwei Versionen – eine mit weißem und grünem Crème de Menthe zu gleichen Teilen und eine mit grünem Crème de Menthe und Schokoladenlikör.

FÜR 1 PERSON
grob gestoßenes Eis
2 cl Wodka
2 cl grüner Crème de Menthe
2 cl weißer Crème de Menthe

Gestoßenes Eis in ein Rührglas geben und den Wodka und beide Sorten Crème de Menthe zugießen. Gut umrühren und in ein Longdrinkglas abseihen.

PLANTATION PUNCH

FÜR 1 PERSON
4 cl brauner Rum
2 cl Southern Comfort
2 cl Zitronensaft
1 TL brauner Zucker
kohlensäurehaltiges Mineralwasser
1 TL roter Portwein
1 Zitronenscheibe
1 Orangenscheibe

Rum, Southern Comfort und Zitronensaft mit Eiswürfeln und dem Zucker kräftig in einem Shaker schütteln, bis dieser beschlagen ist. In ein gekühltes Longdrinkglas abseihen und fast bis zum Rand mit Mineralwasser auffüllen. Mit dem Portwein floaten, indem dieser über den Rücken eines Teelöffels hineingegossen wird. Mit der Zitronen- und der Orangenscheibe garnieren.

CUBAN

FÜR 1 PERSON
4 cl Brandy
2 cl Apricot Brandy
2 cl Limettensaft
1 TL weißer Rum

Brandy, Apricot Brandy, Limettensaft und Rum mit Eiswürfeln im Shaker kräftig schütteln, bis dieser deutlich beschlagen ist. In ein gekühltes Martiniglas abseihen.

ARCHIPELAGO

In diesem Cocktail krönt eine Schicht Sahne die farbenfrohe Mischung von Aromen und Früchten aus aller Welt – ähnlich einem Obstsalat mit Schlagsahne.

FÜR 1 PERSON
1 EL Cognac
1 EL Kiwisaft oder -sirup
1 EL Mandarinenlikör
1 EL Schokoladenlikör
1 EL Sahne
1 Kiwischeibe oder 1 Minzeblatt

Cognac, Kiwisaft oder -sirup, Mandarinenlikör und Schokoladenlikör über Eiswürfel in ein gekühltes Rührglas gießen, umrühren und in ein Martiniglas abseihen. Sahne vorsichtig in einer Schicht darübergießen. Mit der Kiwischeibe oder dem Minzeblatt garnieren.

MRS. FITZHERBERT

Dieser Cocktail ist nach Mrs. Fitzherbert benannt, die heimlich den Prince of Wales, den späteren George IV., heiratete. Da sie Witwe und Katholikin war und George III. der Verbindung nicht seinen Segen gegeben hatte, musste sich der Prinz von ihr scheiden lassen und stattdessen eine reiche protestantische Prinzessin heiraten. Gerüchten zufolge trug er bei seinem Tod eine Miniatur von Mrs. Fitzherbert um den Hals.

FÜR 1 PERSON
2 cl weißer Portwein
2 cl Cherry Brandy

Portwein und Cherry Brandy über Eiswürfel in ein Rührglas geben und umrühren. In ein gekühltes Martiniglas abseihen.

BUTTAFUOCO

FÜR 1 PERSON
4 cl weißer Tequila
1 cl Galliano
1 cl Cherry Brandy
1 cl Zitronensaft
grob gestoßenes Eis
Sodawasser
1 Cocktailkirsche

Tequila, Galliano, Cherry Brandy und Zitronensaft mit Eiswürfeln kräftig im Shaker schütteln, bis dieser deutlich beschlagen ist. Ein Longdrinkglas zur Hälfte mit gestoßenem Eis füllen und den Cocktail hineinseihen. Mit Sodawasser auffüllen und mit der Cocktailkirsche garnieren.

AFRICAN MINT

Amarula ist ein sehr reichhaltiger und exotischer Likör, der am besten eiskalt serviert und getrunken wird – aber nicht auf Eis, weil dies seinen wahren Charakter verwässert.

FÜR 1 PERSON
1 cl Crème de Menthe, gekühlt
1 cl Amarula, gekühlt

Crème de Menthe bis auf einige Tropfen in ein Schnapsglas gießen. Amarula langsam so über den Rücken eines Löffels gießen, dass eine Schicht über dem Minzlikör entsteht. Zum Abrunden die restlichen Tropfen des Minzlikörs auf den Sahnelikör träufeln.

TEQUILA SHOT

FÜR 1 PERSON
2 cl Tequila Gold
1 Prise Salz
1 Limettenspalte

Tequila Gold in ein Schnapsglas gießen. Salz auf den Daumenansatz zwischen Daumen und Zeigefinger streuen. Limettenspalte in derselben Hand halten, den Tequila in die andere Hand nehmen. Salz ablecken. Tequila in einem Zug trinken und die Limettenspalte aussaugen.

Traditionell gilt der Tequila Shot als die einzige Art, Tequila pur zu trinken. Er wird oft als mild und herb bezeichnet, daher scheint die Zugabe von Limettensaft und Salz widersprüchlich zu sein – aber es funktioniert.

GREEN LADY ▲

FÜR 1 PERSON
4 cl Gin
2 cl grüner Chartreuse
1 Spritzer Limettensaft

Gin, Chartreuse und Limettensaft mit Eiswürfeln kräftig im Shaker schütteln, bis dieser deutlich beschlagen ist. In ein gekühltes Martiniglas abseihen.

Birnenbrand ist weniger verbreitet als Kirschwasser; er verströmt einen zarten Duft und hat ein herrliches Aroma. Nicht zu verwechseln mit Birnenlikör!

SUPERIOR ROLLS-ROYCE ▲

FÜR 1 PERSON
4 cl Brandy
4 cl Orangensaft
2 cl Triple Sec

Brandy, Orangensaft und Triple Sec mit Eiswürfeln in einem Shaker schütteln, bis dieser deutlich beschlagen ist. In ein gekühltes Whiskyglas abseihen.

PEARTINI

FÜR 1 PERSON
1 TL extrafeiner Zucker
1 Prise Zimt
1 Zitronenspalte
grob gestoßenes Eis
2 cl Wodka
2 cl Pear Brandy, z. B. Poire William

Zucker und Zimt auf einer Untertasse mischen. Den Rand eines Martiniglases mit der Zitronenspalte abreiben und das Glas in die Zucker-Zimt-Mischung drücken. Beiseitestellen. Gestoßenes Eis in ein Rührglas oder einen Krug geben und mit Wodka und Pear Brandy übergießen. In das Martiniglas abseihen und servieren.

GUMDROP MARTINI

FÜR 1 PERSON
1 Zitronenspalte
extrafeiner Zucker
4 cl Lemon Rum
2 cl Wodka
1 cl Southern Comfort
1 cl Zitronensaft
½ TL Vermouth Dry
Fruchtgummis oder ähnliche Süßigkeiten

Den Rand eines gekühlten Martiniglases mit der Zitronenspalte abreiben, dann das Glas auf eine Untertasse mit dem Zucker drücken. Lemon Rum, Wodka, Southern Comfort, Zitronensaft und Vermouth mit Eiswürfeln kräftig im Shaker schütteln, bis dieser deutlich beschlagen ist. In das vorbereitete Glas abseihen. Mit den Fruchtgummis garnieren.

NUCLEAR FALLOUT

Wie bei einem Pousse-Café (Seite 231) werden die Zutaten hier übereinandergeschichtet.

FÜR 1 PERSON
1 TL Himbeersirup
1 TL Maraschino
1 TL gelber Chartreuse
1 TL Cointreau
1 TL Blue Curaçao, gut gekühlt

Alle Liköre, vor allem aber den Blue Curaçao in den kältesten Teil des Gefrierschranks stellen. Ein Schnaps- oder Pousse-Café-Glas ebenfalls eiskalt stellen. Erst Himbeersirup, dann Maraschino, Chartreuse und dann Cointreau vorsichtig über den Rücken eines Teelöffels in Schichten ins Glas gießen. Zum Schluss den Blue Curaçao zugießen und auf den Fallout warten.

BLUE LADY

FÜR 1 PERSON
5 cl Blue Curaçao
2 cl weißer Crème de Cacao
2 cl Sahne

Blue Curaçao, Crème de Cacao und Sahne mit Eiswürfeln im Shaker schütteln, bis dieser deutlich beschlagen ist. In ein gekühltes Martiniglas abseihen.

ZOMBIE ◂

FÜR 1 PERSON
gestoßenes Eis
4 cl brauner Rum
4 cl weißer Rum
2 cl goldener Rum
2 cl Triple Sec
2 cl Limettensaft
2 cl Orangensaft
1 EL Grenadine
1 EL Orgeat
1 TL Pernod

Gestoßenes Eis mit allen Rumsorten, Triple Sec, Fruchtsäften, Grenadine, Orgeat und Pernod in einen Mixer geben und zu einer glatten Mischung verarbeiten. Ohne Abseihen in ein gekühltes Longdrinkglas gießen, mit Strohhalm servieren.

ZIPPER

Ein sahniger Shooter mit Tequila und Grand Marnier. Denken Sie daran, nicht nur die Zutaten, sondern auch die Gläser gut zu kühlen.

FÜR 1 PERSON
gestoßenes Eis
2 cl Tequila
1 cl Grand Marnier
1 cl Sahne

Tequila, Grand Marnier und Sahne mit gestoßenem Eis 10–20 Sekunden kräftig im Shaker schütteln, bis er deutlich beschlagen ist. In ein Schnapsglas abseihen.

BARBED WIRE ▸

FÜR 1 PERSON
6 cl Wodka
1 TL Vermouth Sweet
½ TL Pernod
1 cl Sherry Dry
1 Zitronenschalenspirale

Wodka, Vermouth, Pernod und Sherry mit Eiswürfeln in einem Shaker schütteln, bis dieser deutlich beschlagen ist. In ein gekühltes Weinglas oder Martiniglas abseihen und mit der Zitronenschalenspirale garnieren.

ROYAL MATADOR

FÜR 2 PERSONEN
1 Ananas
8–10 Eiswürfel, gestoßen
8 cl Tequila Gold
3 cl Crème de Framboise
4 cl Limettensaft
1 EL Amaretto
1 Sternfruchtscheibe

Oberen Teil der Ananas abschneiden beiseitelegen. Frucht aushöhlen, Schale dabei intakt lassen. Fruchtfleisch in einem Mixer pürieren. Püree abseihen und den Saft wieder in den Mixer geben. Das gestoßene Eis, Tequila Gold, Crème de Framboise, Limettensaft und Amaretto zufügen. Alles vermengen, dann in die Ananasschale gießen und mit Eis auffüllen. Mit Strohhalmen und der Sternfruchtscheibe servieren.

ORANGE PLANTER'S PUNCH

FÜR 1 PERSON
2 cl Rum
2 cl Orange Curaçao
2 Spritzer Angostura
1 TL Grenadine
Saft von 1–2 Limetten
grob gestoßenes Eis

Rum, Orange Curaçao, Angostura, Grenadine und Limettensaft mit Eiswürfeln in einem Shaker kräftig schütteln, bis dieser deutlich beschlagen ist. Ein gekühltes Longdrinkglas zur Hälfte mit gestoßenem Eis füllen und den Cocktail hineinseihen.

WHITE SPIDER

Wenn Sie genug Cocktails getrunken haben und sich langsam auf den Nachhauseweg machen wollen, bildet dieser Drink einen schönen Abschluss für den Abend.

FÜR 1 PERSON
2 cl Wodka
2 cl weißer Crème de Menthe

Wodka und Crème de Menthe über Eiswürfel in ein Rührglas gießen. Gut umrühren und in ein gekühltes Martiniglas abseihen.

AFTER FIVE

Ursprünglich bezeichnete After Five einen Cocktail mit Zitronenlimonade oder Mineralwasser, inzwischen steht er für einen geschichteten Shooter mit dem gewissen Kick.

FÜR 1 PERSON
1 cl Pfefferminzschnaps, gekühlt
2 cl Kahlúa, gekühlt
1 EL Baileys Irish Cream, gekühlt

Pfefferminzschnaps in ein Schnapsglas gießen. Kahlúa vorsichtig in einer zweiten Schicht über einen Löffelrücken darübergießen. Zum Schluss mit Baileys Irish Cream floaten.

SUBMARINO ▸

FÜR 1 PERSON
250 ml mexikanisches Bier
4 cl weißer Tequila

Bier in ein gekühltes Bierglas oder einen Henkelbecher gießen. Dann den Tequila in ein gekühltes Schnapsglas geben und das Schnapsglas vorsichtig im Bier versenken.

TEQUINI ▸

Wie der Name schon andeutet, handelt es sich hier um eine hübsche Version des Martini mit Tequila anstelle von Gin oder Wodka.

FÜR 1 PERSON
grob gestoßenes Eis
6 cl weißer Tequila
1 cl Vermouth Dry
1 Spritzer Angostura
1 Zitronenschalenspirale

Tequila und Vermouth über gestoßenes Eis in ein Rührglas gießen. Angostura hinzufügen und gut umrühren. In ein gekühltes Martiniglas oder eine gekühlte Cocktailschale abseihen und mit der Zitronenschalenspirale garnieren.

NELL GWYNNE

Nell Gwynne war die berühmte Mätresse von Karl II., dem König von England im 17. Jahrhundert. Als er sie zum ersten Mal sah, war sie Orangenverkäuferin im Londoner Covent Garden, daher überrascht es kaum, dass der nach ihr benannte Cocktail auf dem Orangenlikör Triple Sec basiert.

FÜR 1 PERSON
2 cl Triple Sec
2 cl Pfirsichschnaps
2 cl weißer Crème de Menthe
1 Zitronenschalenspirale

Triple Sec, Pfirsichschnaps und Crème de Menthe über Eiswürfel in ein Rührglas gießen und gut umrühren. In ein gekühltes Martiniglas abseihen und mit der Zitronenschalenspirale garnieren.

NEGRONI

FÜR 1 PERSON
2 cl Gin
2 cl Vermouth Sweet
2 cl Campari
Sodawasser
1 Orangenscheibe

Gin, Vermouth und Campari mit Eiswürfeln kräftig im Shaker schütteln. In ein gekühltes Martiniglas abseihen, nach Belieben mit Sodawasser auffüllen und mit der Orangenscheibe garnieren.

CHOCOLATE MARTINI

FÜR 1 PERSON
1 Orangenscheibe
Kakaopulver
4 cl Wodka
1 TL Crème de Cacao
2 Spritzer Orangenblütenwasser
1 Orangenschalenspirale

Den Rand eines Martiniglases mit der Orangenscheibe anfeuchten und in Kakaopulver drücken. Das Glas beiseitestellen. Wodka, Crème de Cacao und Orangenblütenwasser mit Eiswürfeln im Shaker schütteln, bis dieser deutlich beschlagen ist. In das Martiniglas abseihen und mit der Orangenschalenspirale garnieren.

THE HAWKSMOOR

LONDON

Obwohl sie den Namen eines englischen Barock-Architekten trägt und den schmuddelig-schicken Stil des trendigen Londoner Bezirks Shoreditch zeigt, gründet diese East-End-Bar ihren Weltklasseruf auf eine klassisch amerikanische Cocktailkarte. Die hervorragende Auswahl umfasst nur etwa 50 Cocktails, bietet jedoch eine ganze Reihe von Juleps auf Bourbon-Basis, ergänzt durch Algonquins, Brooklyns, Manhattans, Old-Fashioneds und Sours.

Zwar hält man im *Hawksmoor* nicht viel von übermäßig komplizierten Drinks – so besteht der Kentucky Mint Julep beispielsweise nur aus in Zuckersirup eingelegter Minze und Bourbon –, verleiht den Rezepten aber gern eine ganz eigene aktuelle Note. Der Geschäfts-

BERÜHMT FÜR

KLASSISCHE AMERIKANISCHE COCKTAILS

LICORICE WHISKEY SOUR

Diese Version des traditionellen Whiskey Sour ist ein hervorragendes Beispiel für die gelungene Weiterentwicklung eines Klassikers. Für den Lakritzsirup 200 ml Wasser und 200 g extrafeinen Zucker in einem Topf zum Kochen bringen. Dann drei bis vier Stücke gehackte Süßholzwurzel zufügen und erneut zum Kochen bringen. Abkühlen lassen und durch Gaze abseihen.

FÜR 1 PERSON
4 cl Bourbon (Buffalo Trace)
1 EL Lakritzsirup
1 Spritzer Angostura
1 Spritzer Eiweiß
geriebene Süßholzwurzel

Bourbon, Lakritzsirup, Angostura und Eiweiß mit Eiswürfeln im Shaker schütteln. Flüssigkeit zweimal abseihen, dann in ein kleines Margaritaglas gießen. Mit der geriebenen Süßholzwurzel garnieren.

„Cocktails wurden zwar in den USA erfunden, aber sie entwickeln sich, und man kann wählen, an welcher Stelle man in ihre Geschichte eintauchen möchte."

Nick Strangeway, Geschäftsführer

führer und Promi-Barkeeper Nick Strangeway ist der festen Überzeugung, die Klassiker sollten für die Gäste von heute auf den neuesten Stand gebracht werden. Die Juleps, Algonquins – darunter der ananasbetonte Lieblingsdrink der Schriftstellerin Dorothy Parker – und Sours beispielsweise basieren auf dunkleren Spirituosen wie Rum, Bourbon und Rye Whiskey.

Der verspielte Humor dieser Location findet auch in den kitschigen Namen ihrer Cocktails wie Tweeked Tikis oder Leilani's Grass Hut Ausdruck; daneben werden dem Gast Punsche der Spitzenklasse geboten, serviert in altmodischen Gläsern, die perfekt zu den Backsteinwänden und der langen, aus einem Tanzlokal der 1930er-Jahre stammenden Teakholzbar passen. Nicholas Hawksmoor, der die Christ Church Spitalfields am anderen Ende der Straße entwarf, hätte wohl nicht gewusst, was er davon halten soll.

THE HAWKSMOOR
157 Commercial Street
London E1 6BJ
+44 20 7247 7392
www.thehawksmoor.com

Öffnungszeiten
Montag bis Freitag: 12.00 bis 24.00 Uhr
Samstag: 18.00 bis 24.00 Uhr

DIE COCKTAILPARTY

Als Gastgeber einer Cocktailparty finden Sie in diesem Kapitel nicht nur ausgezeichnete Rezepte für eine größere Anzahl von Gästen, sondern auch Verblüffendes für Individualisten. Sie alle werden Ihrer Party unglaublichen Schwung verleihen. Sind Sie selbst eingeladen, heben Sie einfach das Glas und genießen Sie.

CAIPIRINHA ◂

Dieser klassische brasilianische Cocktail basiert auf dem Zuckerrohrschnaps Cachaça. Wenn er Ihnen zu stark ist, fügen Sie etwas mehr Zucker hinzu.

FÜR 1 PERSON
6 Limettenspalten
2 TL Zucker
6 cl Cachaça
gestoßenes Eis
1 Limettenspalte

Limettenspalten und Zucker in ein gekühltes Whiskyglas geben und zerdrücken, um den Limettensaft freizusetzen. Cachaça darübergießen, das Glas mit gestoßenem Eis füllen und gut umrühren. Mit der Limettenspalte garniert servieren.

Das Wort Caipirinha lässt sich etwa mit „Landei" oder „Hinterwäldler" übersetzen. Der Cocktail Caipirinha jedoch, oft als das brasilianische Nationalgetränk beschrieben, hat inzwischen auf der ganzen Welt seinen Siegeszug angetreten und ist ein raffinierter Drink von recht durchschlagender Wirkung.

Der Schlüssel zu einem guten Caipirinha liegt in der Art, Limetten und Zucker so zu stampfen, dass die Öle aus der Schale freigesetzt werden.

Erstklassiger Cachaça ist heutzutage in den meisten Spirituosenläden erhältlich, Sie können stattdessen aber auch Wodka verwenden und einen Caipiroska mixen. Mit Rum stellen Sie einen Caipirissima her. Ist Ihnen der Drink zu stark, nehmen Sie mehr Zucker. Eine weitere Variante ist die Caipifruta, die aus Cachaça, dem zerdrückten Fruchtfleisch einer beliebigen Frucht, Kondensmilch und gestoßenem Eis besteht.

MARGARITA GELATIN SHOT

FÜR 10 PERSONEN
3 Limettenspalten
2 EL Salz
2 Blätter Gelatine
300 ml heißes Wasser
4–5 EL Cointreau
200 ml Tequila

Die Außenränder von zehn Schnapsgläsern mit den Limettenspalten abreiben, dann in das Salz drücken und beiseitestellen. Gelatine in Stücke brechen und in einen hitzebeständigen Messbecher geben. Wasser zufügen und umrühren, bis sich die Gelatine aufgelöst hat. Abkühlen lassen, dann Cointreau und Tequila einrühren, sodass die Mischung insgesamt 600 ml ergibt. Die Mischung so auf die vorbereiteten Gläser aufteilen, dass der Salzrand intakt bleibt. Im Kühlschrank fest werden lassen.

Der Salzrand für den Margarita Gelatin Shot ist nicht unbedingt nötig, aber er sieht attraktiv aus und ist eine Hommage an das klassische Margarita-Rezept von 1942.

TEQUILA COCKTAIL ▲

FÜR 1 PERSON
1 Spritzer Angostura
6 cl Tequila Gold
2 cl Limettensaft
1 cl Grenadine

Angostura, Tequila Gold, Limettensaft und Grenadine mit Eiswürfeln kräftig im Shaker schütteln, bis dieser deutlich beschlagen ist. In ein gekühltes Martiniglas abseihen.

IRISH EYES ▸

FÜR 1 PERSON
4–6 Eiswürfel, grob gestoßen
4 cl Irish Whiskey
1 cl grüner Chartreuse

Das gestoßene Eis in ein Rührglas geben. Irish Whiskey und Chartreuse über das Eis gießen. Gut umrühren und in ein gekühltes Martini- oder Whiskyglas abseihen.

MILLIONAIRE COCKTAIL ▸

FÜR 1 PERSON
2 cl Bourbon
1 cl Cointreau
2 Spritzer Grenadine
1 Eiweiß

Bourbon, Cointreau, Grenadine und Eiweiß mit Eiswürfeln im Shaker schütteln und in ein Martiniglas abseihen.

EL DIABLO

Nach ein bis zwei Diablos fühlen Sie sich wie ein Teufel, aber Vorsicht: Ein bis zwei zu viel bescheren Ihnen einen teuflischen Kater!

FÜR 1 PERSON
grob gestoßenes Eis
2–3 Streifen Limettenschale
2 cl Limettensaft
6 cl weißer Tequila
2 cl Crème de Cassis

Ein gekühltes Whiskyglas mit gestoßenem Eis füllen. Limettenschale, Limettensaft, Tequila und Crème de Cassis zufügen. Gut umrühren.

CHRISTMAS PUNCH

FÜR 8 PERSONEN
1 l Rotwein
4 EL Zucker
1 Zimtstange
400 ml kochendes Wasser
100 ml Brandy
100 ml Sherry
100 ml Orangenlikör
2 kernlose Orangen, in Spalten
2 Äpfel, Kerngehäuse entfernt und in Spalten

Wein, Zucker und Zimt in einen großen Topf geben. Bei schwacher Hitze unter Rühren erwärmen, bis die Mischung gerade zu köcheln beginnt. Vom Herd nehmen und abseihen. Zimtstange wegwerfen. Wein wieder in den Topf gießen und restliche Zutaten zufügen. Sanft erwärmen und in hitzebeständigen Gläsern servieren.

Im kalten Winter erwärmt ein Glas des heißen Christmas Punch jedermanns Herz. Denken Sie jedoch daran, die Mischung nur sanft köcheln zu lassen, da sonst ein Großteil des Alkohols verdampft.

SCREWDRIVER

Dieser Cocktail spricht alle an und eignet sich hervorragend für Ihre Party, wenn Sie die Geschmäcker der Gäste nicht genau kennen. Frisch gepresster Orangensaft ist ein Muss.

FÜR 1 PERSON
grob gestoßenes Eis
4 cl Wodka
Orangensaft
1 Orangenscheibe

Ein gekühltes Longdrinkglas mit gestoßenem Eis füllen. Wodka über das Eis gießen und mit Orangensaft auffüllen. Gut umrühren und mit der Orangenscheibe garnieren.

Eine Reihe von Cocktails ist einfach unter ihren Initialen bekannt. In diesem klassischen Rezept steht BVD für Brandy, Vermouth und Dubonnet. Seltsamerweise enthält ein moderner BVD weißen Rum, Gin und Vermouth Dry.

BVD ▲

FÜR 1 PERSON
grob gestoßenes Eis
2 cl Brandy
2 cl Vermouth Dry
2 cl Dubonnet

Brandy, Vermouth und Dubonnet über gestoßenes Eis in ein Rührglas gießen. Umrühren und in ein gekühltes Martiniglas abseihen.

DIAMOND HEAD

FÜR 2 PERSONEN
8 cl Gin
4 cl Zitronensaft
2 cl Apricot Brandy
1 TL Zucker
1 Eiweiß
Zitronenzesten

Gin, Zitronensaft, Apricot Brandy, Zucker und Eiweiß mit Eiswürfeln kräftig in einem Shaker schütteln, bis dieser deutlich beschlagen ist. In zwei gekühlte Martinigläser abseihen und mit Zitronenzesten garniert servieren.

LEAP YEAR

FÜR 1 PERSON
4 cl Gin
1 cl Grand Marnier
1 cl Vermouth Sweet
1 Spritzer Zitronensaft

Gin, Grand Marnier, Vermouth und Zitronensaft mit Eiswürfeln kräftig im Shaker schütteln, bis dieser deutlich beschlagen ist. In ein gekühltes Martiniglas abseihen.

CHAMPAGNE SIDECAR

FÜR 1 PERSON
4–6 Eiswürfel, grob gestoßen
4 cl Brandy
2 cl Triple Sec
2 cl Zitronensaft
Champagner, gekühlt
1 Orangenschalenspirale, nach Belieben

Brandy, Triple Sec und Zitronensaft mit dem gestoßenen Eis kräftig im Shaker schütteln, bis dieser deutlich beschlagen ist. In eine gekühlte Sektflöte abseihen und mit dem Champagner aufgießen. Mit der Orangenschalenspirale nach Belieben garnieren.

SANGRIA

Ein perfekter Longdrink für die nächste Sommerparty.

FÜR 6 PERSONEN
Saft von 1 Orange
Saft von 1 Zitrone
2 EL extrafeiner Zucker
1 Orange, in dünnen Scheiben
1 Zitrone, in dünnen Scheiben
1 Flasche Rotwein, gekühlt
200 ml roter Traubensaft

Orangensaft, Zitronensaft und Zucker in einer Schüssel verrühren. Wenn sich der Zucker aufgelöst hat, einige Eiswürfel, die Orangen- und Zitronenscheiben und den Rotwein hinzufügen. 1 Stunde ziehen lassen, dann den Traubensaft und einige weitere Eiswürfel zufügen. In Weingläsern oder Longdrinkgläsern servieren.

Die bekannteste Marke Orangenlikör ist Cointreau, aber für einen Champagne Sidecar braucht man Triple Sec, der trockener und stärker als Cointreau und stets farblos ist.

Stellen Sie die schicken Eiswürfel für den Louisa im Voraus her, und nehmen Sie sie erst in letzter Sekunde aus dem Gefrierschrank – sie schmelzen sehr schnell.

LOUISA ▲

Fügen Sie für blaue Eiswürfel einfach einige Tropfen blaue Lebensmittelfarbe hinzu.

FÜR 1 PERSON
6–8 Eiswürfel, grob gestoßen
1,5 cl Blue Curaçao
1 cl Wodka
1 TL Gerstenwasser (Barley Water)
1 Spritzer Zitronensaft
Sodawasser
blaue Eiswürfel (siehe oben)

Ein Longdrinkglas mit dem Eis füllen. Blue Curaçao, Wodka, Gerstenwasser und Zitronensaft hinzufügen und gut mischen. Mit Sodawasser auffüllen, dabei jedoch ausreichend Platz für die blauen Eiswürfel lassen, die erst direkt vor dem Servieren zugegeben werden sollten.

MINTED DIAMONDS ▶

FÜR 1 PERSON
1 TL grüner Crème de Menthe
1 EL Eiswasser
2 cl weißer Crème de Menthe
4 cl Apfel- oder Birnenschnaps

Grünen Crème de Menthe mit dem Eiswasser verrühren, die Mischung in ein oder zwei Mulden eines Eiswürfelbehälters löffeln und etwa 2 Stunden gefrieren lassen. Weißen Crème de Menthe und Apfel- oder Birnenschnaps auf Eiswürfeln verrühren, bis das Glas deutlich beschlagen ist. In ein gekühltes Martiniglas abseihen und im letzten Moment mit den Minzeeiswürfeln floaten. Erst trinken, wenn die Eiswürfel zu schmelzen beginnen.

BRANDY COCKTAIL

FÜR 1 PERSON
1 Spritzer Angostura
4 cl Brandy
½ TL Zuckersirup
1 Zitronenschalenspirale

Angostura, Brandy und Zuckersirup mit Eiswürfeln kräftig im Shaker schütteln, bis dieser deutlich beschlagen ist. In ein gekühltes Martiniglas abseihen und mit der Zitronenschalenspirale garnieren.

MELANIE HAMILTON ◂

FÜR 1 PERSON
4 cl Triple Sec
2 cl Midori
4 cl Orangensaft
1 Cantaloupe-Melonenspalte

Triple Sec, Midori und Orangensaft mit Eiswürfeln kräftig im Shaker schütteln, bis dieser deutlich beschlagen ist. Mischung in ein gekühltes Martiniglas abseihen und mit der Melonenspalte garnieren.

NAVAJO TRAIL ▴

FÜR 1 PERSON
4 cl weißer Tequila
2 cl Triple Sec
2 cl Limettensaft
2 cl Cranberrysaft

Tequila, Triple Sec, Limettensaft und Cranberrysaft mit Eiswürfeln kräftig im Shaker schütteln, bis dieser deutlich beschlagen ist. In ein gekühltes Martiniglas abseihen.

WHISKEY SLING

FÜR 1 PERSON
1 TL Zucker
2 cl Zitronensaft
1 TL Wasser
4 cl Blended Rye Whiskey
grob gestoßenes Eis
1 Orangenscheibe

Zucker, Zitronensaft und Wasser in einem Rührglas verrühren, bis sich der Zucker aufgelöst hat. Blended Rye Whiskey zugießen und umrühren. Ein gekühltes Whiskyglas zur Hälfte mit gestoßenem Eis füllen und den Cocktail hineinseihen. Mit der Orangenscheibe garnieren.

QUEEN OF MEMPHIS

FÜR 1 PERSON
4 cl Bourbon
2 cl Midori
2 cl Pfirsichsaft
1 Spritzer Maraschino
1 Melonenspalte

Bourbon, Midori, Pfirsichsaft und Maraschino mit Eiswürfeln kräftig im Shaker schütteln, bis dieser deutlich beschlagen ist. In ein gekühltes Martiniglas abseihen und mit der Melonenspalte garnieren.

PEPPERMINT PATTY

Manchmal sind die einfachsten Dinge im Leben die besten – eine dieser Freuden ist diese köstliche Kombination aus Schokolade und Pfefferminze, benannt nach einer Figur aus dem Comic „Peanuts".

FÜR 1 PERSON
2 cl weißer Crème de Cacao
2 cl weißer Crème de Menthe

Crème de Cacao und Crème de Menthe mit Eiswürfeln 10–20 Sekunden kräftig im Shaker schütteln, bis dieser deutlich beschlagen ist. In ein Schnaps- oder Martiniglas abseihen.

PINK HEATHER ▸

FÜR 1 PERSON
2 cl Scotch Whisky
2 cl Erdbeerlikör
Schaumwein, gekühlt
1 Erdbeere

Scotch Whisky und Erdbeerlikör in eine gekühlte Sektflöte gießen. Mit Schaumwein auffüllen und mit der Erdbeere garnieren.

SHILLELAGH ◂

Ein Shillelagh (ausgesprochen schi-lei-li) ist eigentlich ein hölzerner Knüppel, traditionell aus Schlehenholz. Zweifellos hat dieser Cocktail ebenfalls eine durchschlagende Wirkung.

FÜR 1 PERSON
4 cl Irish Whiskey
2 cl Sherry Dry
1 TL goldener Rum
1 TL Zitronensaft
1 Prise extrafeiner Zucker
1 Cocktailkirsche

Irish Whiskey, Sherry, Rum, Zitronensaft und Zucker mit Eiswürfeln kräftig im Shaker schütteln, bis dieser deutlich beschlagen ist. In ein gekühltes Martiniglas abseihen und mit der Cocktailkirsche garnieren.

BRAIN HEMORRHAGE

Eins der seltenen Beispiele für einen Cocktail, der absichtlich nicht appetitlich, sondern möglichst unattraktiv aussehen soll. Er wurde wahrscheinlich für die Halloweenparty erfunden.

FÜR 1 PERSON
2 cl Pfirsichschnaps, gekühlt
1 TL Baileys Irish Cream, gekühlt
½ TL Grenadine, gekühlt

Pfirsichschnaps in ein Schnapsglas gießen, dann vorsichtig mit Baileys Irish Cream floaten. Zum Schluss Grenadine hineingeben.

BULLDOG BREED ▸

FÜR 1 PERSON
grob gestoßenes Eis
2 cl Gin
4 cl Orangensaft
Ginger Ale, gekühlt

Ein gekühltes Longdrink- oder Whiskyglas zur Hälfte mit gestoßenem Eis füllen. Gin und Orangensaft darübergießen und mit Ginger Ale auffüllen. Umrühren.

AROUND THE WORLD ▴

FÜR 1 PERSON
2 cl Mandarine Napoleon
2 cl polnischer Wodka
1 cl Campari
1 cl Crème de Banane
1 cl Kokoslikör
grob gestoßenes Eis
Zitronenlimonade ohne Kohlensäure
Kumquats, halbiert

Mandarine Napoleon, Wodka, Campari, Crème de Banane und Kokoslikör mit Eiswürfeln im Shaker schütteln, bis dieser deutlich beschlagen ist. Ein Longdrink- oder Whiskyglas mit gestoßenem Eis füllen. Mischung hineinseihen und mit Zitronenlimonade auffüllen. Mit den Kumquathälften garnieren.

Wie der Name schon sagt, vereint dieser Cocktail Aromen aus aller Welt – genießen Sie ihn also am besten mit internationalen Gästen.

MARGARITA

Um die Urheberschaft der Margarita wird gestritten, aber mit Sicherheit zählt dieser Cocktail inzwischen zu den beliebtesten der Welt.

FÜR 1 PERSON
2 Limettenspalten
Salz
6 cl weißer Tequila
2 cl Cointreau oder Triple Sec
4 cl Limettensaft

Den Rand eines Margaritaglases mit einer Limettenspalte abreiben und das Glas in das Salz drücken. Tequila, Cointreau und Limettensaft mit Eiswürfeln kräftig im Shaker schütteln, bis dieser deutlich beschlagen ist. In das vorbereitete Glas abseihen. Die übrige Limettenspalte darüber ausdrücken und in das Glas geben.

Diese Margarita ist eine zivilisierte Version der ursprünglichen Methode, Tequila zu trinken.

SELF-DESTRUCT

FÜR 1 PERSON
6 cl Wodka
½ TL Limettensaft
½ TL Triple Sec

Wodka, Limettensaft und Triple Sec mit Eiswürfeln im Shaker schütteln, bis dieser deutlich beschlagen ist. In ein gekühltes Martiniglas abseihen.

PINK PUSSYCAT

Zwar ist Grenadine nicht die einzige Zutat, die einen Drink rosa färbt, aber ein Spritzer davon verleiht jedem Cocktail ein rosiges Aussehen.

FÜR 1 PERSON
grob gestoßenes Eis
1 Spritzer Grenadine
4 cl Gin
Ananassaft
1 Ananasstück

Ein gekühltes Longdrinkglas zur Hälfte mit gestoßenem Eis füllen. Grenadine zufügen und den Gin zugießen. Mit Ananassaft auffüllen und mit Ananas garnieren.

KISS KISS

FÜR 1 PERSON
grob gestoßenes Eis
2 cl Cherry Brandy
2 cl Gin
2 cl Vermouth Sweet

Ein Rührglas zur Hälfte mit gestoßenem Eis füllen und Cherry Brandy, Gin und Vermouth darübergießen. Gut umrühren, dann in ein gekühltes Martiniglas abseihen.

ARTILLERY PUNCH ▸

FÜR 30 PERSONEN
1 l Bourbon
1 l Rotwein
1 l starker Schwarztee
0,5 l brauner Rum
0,25 l Gin
0,25 l Apricot Brandy
8 cl Zitronensaft
8 cl Limettensaft
4 EL Zuckersirup
1 großer Eisblock
Orangen, in dünnen Scheiben

Alle Getränke und den Sirup in eine Schüssel gießen und 2 Stunden kalt stellen. Das Eis in eine Punschschale geben. Den Punsch darübergießen und mit den Orangenscheiben garnieren. In Longdrinkgläsern servieren.

TAILGATE ◂

FÜR 1 PERSON
6 Eiswürfel, grob gestoßen
1 Spritzer Orangenbitter
4 cl Wodka
2 cl grüner Chartreuse
2 cl Vermouth Sweet

Das gestoßene Eis in ein Rührglas geben. Orangenbitter zufügen, dann Wodka, Chartreuse und Vermouth dazugießen. Gut umrühren und in ein gekühltes Martiniglas abseihen.

PINEAPPLE PLANTER'S PUNCH

FÜR 1 PERSON
2 cl weißer Rum
2 cl Ananassaft
Saft von ½ Limette
1 cl Curaçao
1 Spritzer Maraschino
grob gestoßenes Eis
1 Kiwistück
1 Ananastück

Rum, Ananassaft, Limettensaft, Curaçao und Maraschino mixen. Mit gestoßenem Eis in einem Longdrinkglas servieren. Mit Kiwi und Ananas garnieren.

Das Wort Sangaree leitet sich vom spanischen Wort für Blut – „sangre" – ab. Früher wurden Sangarees mit Wein zubereitet, heute basieren sie eher auf Spirituosen, aber in jedem Fall wird der Cocktail stets mit frisch geriebener Muskatnuss aromatisiert.

GIN SANGAREE

FÜR 1 PERSON
6–8 Eiswürfel, grob gestoßen
4 cl Gin
½ TL Zuckersirup
kohlensäurehaltiges Mineralwasser
1 EL Portwein
geriebene Muskatnuss

Das gestoßene Eis in ein gekühltes Longdrink- oder Whiskyglas geben. Gin und Zuckersirup über das Eis gießen und mit Mineralwasser auffüllen. Vorsichtig umrühren, dann mit dem Portwein floaten. Mit der geriebenen Muskatnuss bestreuen.

WILD WOMEN ▸

FÜR 1 PERSON
4 cl Bourbon
2 cl Pernod
2 cl Apfelsaft
1 Spritzer Angostura
1 Apfelscheibe

Bourbon, Pernod, Apfelsaft und Angostura mit Eiswürfeln kräftig im Shaker schütteln, bis dieser deutlich beschlagen ist. In ein gekühltes Martiniglas abseihen und mit der Apfelscheibe garnieren.

CREOLE LADY

FÜR 1 PERSON
grob gestoßenes Eis
4 cl Bourbon
3 cl Madeira
1 TL Grenadine
Cocktailkirschen

Bourbon, Madeira und Grenadine über gestoßenes Eis in ein Rührglas gießen. Gut umrühren und in ein gekühltes Martiniglas abseihen. Mit den Cocktailkirschen garnieren.

PINK WHISKERS ▸

FÜR 1 PERSON
4 cl Apricot Brandy
2 cl Vermouth Dry
4 cl Orangensaft
1 Spritzer Grenadine

Apricot Brandy, Vermouth, Orangensaft und Grenadine mit Eiswürfeln kräftig im Shaker schütteln, bis dieser deutlich beschlagen ist. In ein gekühltes Martiniglas abseihen.

SOUTHERN PEACH

FÜR 1 PERSON
grob gestoßenes Eis
2 cl Southern Comfort
2 cl Peach Brandy
2 cl Sahne
1 Spritzer Angostura
1 Pfirsichspalte

Southern Comfort, Peach Brandy und Sahne mit Angostura und gestoßenem Eis kräftig im Shaker schütteln, bis dieser deutlich beschlagen ist. In ein gekühltes Martini- oder Whiskyglas abseihen und mit der Pfirsichspalte garnieren.

TROPICAL FRUIT PUNCH

FÜR 6 PERSONEN
Fruchtfleisch von 1 kleinen reifen Mango
4 EL Limettensaft
1 TL frisch geriebener Ingwer
1 EL hellbrauner Zucker
300 ml Orangensaft
300 ml Ananassaft
8 cl Rum
gestoßenes Eis
Orangenscheiben
Limettenscheiben
Ananasscheiben und -blätter
Sternfruchtscheiben

Mango mit Limettensaft, Ingwer und Zucker im Mixer zu einer glatten Mischung verarbeiten. Fruchtsäfte und Rum hinzufügen und mixen. Mit gestoßenem Eis in Longdrinkgläsern servieren und mit den restlichen Zutaten garnieren.

Der Tropical Fruit Punch kann nach Belieben variiert werden. Eine festliche Wirkung erzielen Sie mit den Obstgarnierungen; mit Ginger Ale kombiniert, wird der Cocktail zu einem köstlichen Longdrink.

Thanksgiving ist das traditionelle Erntedankfest Nordamerikas im November, der Cocktail Thanksgiving Special passt aber zu jeder Party im Herbst oder Winter.

THANKSGIVING SPECIAL ▲

FÜR 1 PERSON
4 cl Gin
3 cl Apricot Brandy
2 cl Vermouth Dry
1 cl Zitronensaft

Gin, Apricot Brandy, Vermouth und Zitronensaft mit Eiswürfeln kräftig im Shaker schütteln, bis dieser deutlich beschlagen ist. In ein gekühltes Martiniglas abseihen.

COOL YULE MARTINI ▸

Eine weihnachtliche Variation des Klassikers. Natürlich bestens für die nächste Weihnachtsfeier geeignet.

FÜR 1 PERSON
6 cl Wodka
1 cl Vermouth Dry
1 TL Pfefferminzschnaps
1 frischer Minzezweig

Wodka, Vermouth und Pfefferminzschnaps mit Eiswürfeln kräftig im Shaker schütteln, bis dieser deutlich beschlagen ist. In ein gekühltes Martiniglas oder eine gekühlte Cocktailschale abseihen und mit dem Minzezweig garnieren.

OK CORRAL ◂

FÜR 1 PERSON
4 cl Rye Whiskey
2 cl Grapefruitsaft
1 TL Orgeat

Rye Whiskey, Grapefruitsaft und Orgeat mit Eiswürfeln kräftig im Shaker schütteln, bis dieser deutlich beschlagen ist. In ein gekühltes Martiniglas abseihen.

Für den Traffic Signal können Sie auch jede andere Kombination von Likören verwenden.

TRAFFIC SIGNAL ▸

FÜR 1 PERSON
grob gestoßenes Eis
1–2 cl Mint Brandy, gekühlt
1–2 cl Orange Brandy, gekühlt
1–2 cl Cherry Brandy, gekühlt

Wein- oder Martiniglas mit gestoßenem Eis füllen. Dann die Getränke in der oben angegebenen Reihenfolge vorsichtig hineingießen.

TRETTER'S BAR

PRAG

BERÜHMT FÜR
HAUSCOCKTAILS

So abwegig es erscheinen mag, in einer für ihr Bier berühmten Stadt eine Cocktailbar zu betreten: Das *Tretter's* in Prag macht den böhmischen Kneipen mit seiner viel gerühmten Auswahl an Hausdrinks ernsthaft Konkurrenz. Die Cocktailkarte präsentiert 60 altehrwürdige Klassiker, der Rest besteht aus Eigenkreationen des preisgekrönten Besitzers Michael Tretter und seinem hochprofessionellen Barpersonal.

Die Cocktailbar der alten Schule mit rotbraunem Interieur, Ledersofas und einer langen Theke, die im Judenviertel der Prager Altstadt zu finden ist, spiegelt die Zeit des Art déco. Trotz ihrer eleganten Aufmachung und den vereinzelten Gästen aus der Modewelt wirkt

JEAN GABIN

An kalten Winterabenden serviert man im *Tretter's* gern Glühwein mit einer besonderen Note, beispielsweise Sternanis. Der folgende Drink auf Rum- und Brandy-Basis ist ebenfalls genau das Richtige, wenn die Quecksilbersäule fällt.

FÜR 1 PERSON
4 cl brauner Rum
2 cl Calvados
1 EL Ahorn- oder Mandelsirup
150 ml heiße Milch
1 Prise Muskat

Rum, Calvados und Sirup erhitzen. In die heiße Milch rühren und in ein hitzebeständiges Glas gießen. Mit Muskat bestreuen.

„Das Bartending hat eine 90-jährige Familientradition bei den Tretters, daher atmet die Bar natürlich ein wenig Nostalgie und erinnert an die 1930er-Jahre in New York oder Paris."

Michael Tretter, Besitzer

sie bemerkenswert entspannt und lässig. Das *Tretter's* öffnet seine Türen zwar nicht für große Junggesellenabende, die Atmosphäre ist aber dennoch herzlich, egalitär und frei von Dresscodes.

Kein Wunder also, dass die Bar, deren Eröffnung in die Zeit fiel, als sich die tschechische Hauptstadt zum Touristenmagneten entwickelte, immer wieder den Preis für die beste Cocktailbar gewinnt, der jährlich von den Lesern der *Prague Post* vergeben wird.

Die Champagner-Cocktails sind hier erstklassig, beispielsweise Rose's Time aus Pfirsichlikör, Himbeeren, Rose's Lime Juice, Ciroc Vodka und Schaumwein. Unter den beliebten Hauscocktails findet sich Thai Parade, ein Mix aus Litschilikör, Ciroc Vodka, Red-Berry-Sirup und Zitronensaft. Die Mojitos und Cuba Libres sind ebenfalls empfehlenswert. Für diejenigen schließlich, die nicht darauf verzichten wollen: Das *Tretter's* serviert auch Bier …

TRETTER'S BAR
V kolkovni 3
110 00 Prag 1
+420 224 811 165
www.tretters.cz

Täglich geöffnet
19.00 bis 03.00 Uhr

DEN ABEND BESCHLIESSEN

Wenn die Lichter verlöschen und sich der Abend dem Ende zuneigt, beschließen Sie ihn dann am liebsten in voller Pracht mit einem letzten großen Knall? Oder kommen Sie lieber bei einem entspannenden warmen Drink zur Ruhe, der Sie angenehm schläfrig macht? In beiden Fällen finden Sie in diesem Kapitel genau das Richtige.

AMARETTO COFFEE

Eine wunderbare Variation des Irish Coffee. Amaretto ist ein süßer Likör mit Mandelaroma aus Aprikosenkernen. Er schmeckt köstlich pur, bildet aber auch die Grundlage für eine Reihe von Cocktails.

FÜR 1 PERSON
2 EL Amaretto
250 ml schwarzer Kaffee
1–2 EL Sahne

Den Amaretto in den heißen Kaffee rühren. Dann die Sahne zugeben.

Dass Einigkeit über den Erfinder eines bestimmten Cocktails herrscht, kommt selten vor. Der Irish Coffee jedoch wird mehr oder weniger einstimmig einem Küchenchef namens Joe Sheridan zugeschrieben, der in den 1940er-Jahren im heutigen Shannon International Airport im Westen Irlands arbeitete. Eines kalten, feuchten Abends beschloss er, einige eben angekommene Amerikaner aufzuheitern, indem er ihrem Kaffee Irish Whiskey beimischte. Die Amerikaner fragten, ob das brasilianischer Kaffee sei, worauf Sheridan erwiderte, es sei irischer Kaffee.

Ein Amaretto Coffee wird gewöhnlich in einem Irish-Coffee-Glas serviert – einem hitzebeständigen Glas mit Henkel und kurzem Stiel –, aber jedes andere hitzebeständige Glas tut es auch.

WHITE DIAMOND FRAPPÉ

Diese verrückte Likörkombination gelingt durch den Zitronensaft. In letzter Sekunde hinzugefügtes gestoßenes Eis lässt die verschiedenen Aromen hervortreten.

FÜR 1 PERSON
gestoßenes Eis
1 TL Pfefferminzschnaps
1 TL weißer Crème de Cacao
1 TL Anislikör
1 TL Zitronensaft

Pfefferminzschnaps, Crème de Cacao, Anislikör und Zitronensaft mit etwas gestoßenem Eis im Shaker schütteln, bis dieser deutlich beschlagen ist. In ein gekühltes Martiniglas abseihen und noch einen Teelöffel gestoßenes Eis zufügen.

HOT BRANDY CHOCOLATE

Brandy und Schokolade harmonieren miteinander, wie dieser köstliche Drink zeigt.

FÜR 4 PERSONEN
1 l Milch
100 g Zartbitterschokolade, in Stücken
75 ml Zucker
5 EL Brandy
100 g Schlagsahne
geriebene Muskatnuss oder Kakaopulver

Milch in einem Topf erhitzen. Schokolade und Zucker hinzufügen und bei schwacher Hitze umrühren, bis die Schokolade geschmolzen ist. In vier hitzebeständige Gläser gießen, dann den Brandy in die Gläser geben. Mit einem Sahnehäubchen und einer Prise geriebener Muskatnuss oder Kakaopulver garnieren.

WHAT ON EARTH?

FÜR 1 PERSON
4 cl Gin
1½ TL Puderzucker
heißes Wasser
1 Zitronenschalenspirale

Gin in ein hitzebeständiges Glas gießen und Puderzucker unterrühren. Mit heißem Wasser auffüllen und mit der Zitronenschalenspirale servieren.

RATTLESNAKE ◂

FÜR 1 PERSON
2 cl Baileys Irish Cream, gekühlt
2 cl dunkler Crème de Cacao, gekühlt
2 cl Kahlúa, gekühlt

Baileys Irish Cream in ein Schnapsglas gießen. Dann für eine zweite Schicht mit ruhiger Hand Crème de Cacao langsam über einen Löffelrücken darübergeben. Mit dem Kahlúa auf gleiche Weise eine dritte Schicht herstellen. Nicht umrühren.

Anstelle von heißer Schokolade soll Napoleon Bonaparte diesen schokoladigen Brandy mit einem Hauch von Banane als Schlummertrunk bevorzugt haben. Gewagt und ausgefallen.

HAZY LADY

Die leuchtend rote Grenadine sickert schnell durch diese üppigen Liköre und bildet eine Basisschicht.

FÜR 1 PERSON
1 cl Crème de Noyaux
1 cl Kaffeelikör
1 cl Brandy
1 cl Orangensaft
1 Spritzer Eiweiß
1 Spritzer Grenadine
geriebene Muskatnuss

Crème de Noyaux, Kaffeelikör, Brandy, Orangensaft und Eiweiß mit Eiswürfeln im Shaker schütteln, bis dieser deutlich beschlagen ist. In ein geeistes Martiniglas abseihen und mit einem Spritzer Grenadine und einer Prise geriebener Muskatnuss garnieren.

NAPOLEON'S NIGHTCAP

FÜR 1 PERSON
3 cl Cognac
2 cl dunkler Crème de Cacao
1 TL Crème de Banane
1 EL Sahne

Cognac, Crème de Cacao und Crème de Banane in einem Rührglas mit Eiswürfeln verrühren. In ein gekühltes Martiniglas abseihen und eine Schicht Sahne darüberlöffeln.

IRISH STINGER ▸

FÜR 1 PERSON
2 cl Baileys Irish Cream
2 cl weißer Crème de Menthe

Baileys Irish Cream und Crème de Menthe mit Eiswürfeln im Shaker kräftig schütteln, bis dieser deutlich beschlagen ist, und in ein gekühltes Schnaps- oder Whiskyglas abseihen.

HEAVENLY ▴

FÜR 1 PERSON
grob gestoßenes Eis
3 cl Brandy
1 cl Cherry Brandy
1 cl Plum Brandy
Oliven

Gestoßenes Eis in ein Rührglas geben und Brandy, Cherry Brandy und Plum Brandy darübergießen. Gut umrühren und in ein gekühltes Martiniglas oder einen gekühlten Cognacschwenker abseihen. Mit einigen Oliven auf einem Zahnstocher servieren.

SPOTTED BIKINI

Ein amüsanter Name für einen pfiffigen Cocktail. Sie können nach Belieben noch etwas Zucker zufügen.

FÜR 1 PERSON
4 cl Wodka
2 cl weißer Rum
2 cl kalte Milch
Saft von ½ Zitrone
1 reife Passionsfrucht
1 Zitronenscheibe

Wodka, Rum, Milch und Zitronensaft mit Eiswürfeln im Shaker schütteln, bis dieser deutlich beschlagen ist. In ein gekühltes Martiniglas abseihen und im letzten Augenblick das unpassierte Fruchtfleisch der Passionsfrucht mit den schwarzen Samen – den Tupfen auf dem Bikini – zufügen. Mit der Zitronenscheibe garnieren.

PORT WINE COBBLER

FÜR 1 PERSON
1 TL extrafeiner Zucker
4 cl kohlensäurehaltiges Mineralwasser
grob gestoßenes Eis
6 cl roter Portwein
1 Orangenscheibe
1 Cocktailkirsche

Zucker in ein gekühltes Weinglas geben und das Mineralwasser zufügen. Umrühren, bis sich der Zucker aufgelöst hat. Das Glas mit gestoßenem Eis füllen und den Portwein zugießen. Mit der Orangenscheibe und der Cocktailkirsche garnieren.

SPICED HOT CHOCOLATE

Diese Leckerei eignet sich besonders für die Weihnachtszeit.

FÜR 4 PERSONEN
1 l Milch
200 g dunkle Schokolade (mindestens 70 % Kakao), in Stücken
2 TL Zucker
1 TL Lebkuchengewürz
4 Zimtstangen
2 EL Schlagsahne

Milch, Schokolade, Zucker und Lebkuchengewürz in einem Topf auf mittlerer Hitze erwärmen. Mit dem Schneebesen verrühren, bis die Mischung leicht köchelt. Vom Herd nehmen und in hitzebeständige Gläser gießen. Zimtstangen hineingeben und mit etwas Sahne garnieren.

PINK ALMOND ▸

FÜR 1 PERSON
4 cl American Blended Whiskey
2 cl Amaretto
1 cl Crème de Noyaux
1 cl Kirschwasser
2 cl Zitronensaft
1 Zitronenscheibe

American Blended Whiskey, Amaretto, Crème de Noyaux, Kirschwasser und Zitronensaft mit Eiswürfeln im Shaker kräftig schütteln, bis dieser deutlich beschlagen ist. In ein gekühltes Weinglas oder einen gekühlten Kelch abseihen und mit der Zitronenscheibe garnieren.

SCOTCH SANGAREE ▸

FÜR 1 PERSON
1 TL flüssiger Honig
kohlensäurehaltiges Mineralwasser
grob gestoßenes Eis
4 cl Scotch Whisky
1 Zitronenzeste
geriebene Muskatnuss

Honig in ein gekühltes Whiskyglas mit etwas Mineralwasser geben und umrühren, bis er sich aufgelöst hat. Gestoßenes Eis und Scotch Whisky zufügen. Mit Mineralwasser auffüllen und vorsichtig umrühren, dann mit der Zitronenzeste und geriebener Muskatnuss garnieren.

TIGER'S MILK ◂

FÜR 1 PERSON
4 cl goldener Rum
3 cl Brandy
1 TL Zuckersirup
150 ml Milch
gestoßenes Eis
gemahlener Zimt
1 Zimtstange

Rum, Brandy, Zuckersirup und Milch mit gestoßenem Eis im Mixer zu einer homogenen Mischung verarbeiten. In ein gekühltes Wein- oder Martiniglas gießen und mit Zimt bestreuen. Mit der Zimtstange garniert servieren.

ALEXANDER

Ein cremiger, schokoladiger Cocktail auf Gin-Basis, garniert mit geriebener Muskatnuss.

FÜR 1 PERSON
2 cl Gin
2 cl Crème de Cacao
2 cl Sahne
geriebene Muskatnuss

Gin, Crème de Cacao und Sahne mit Eiswürfeln im Shaker kräftig schütteln, bis dieser deutlich beschlagen ist. In ein gekühltes Martiniglas abseihen und mit der geriebenen Muskatnuss garnieren.

OLD FASHIONED

Dieses köstliche Rezept ist ein perfektes Beispiel für die Redensart „Alte Liebe rostet nicht".

FÜR 1 PERSON
1 Zuckerwürfel
1 Spritzer Angostura
1 TL Wasser
4 cl Bourbon oder Rye Whiskey
grob gestoßenes Eis
1 Zitronenschalenspirale

Zuckerwürfel in ein kleines, gekühltes Old-Fashioned- oder Whiskyglas geben, dann den Spritzer Angostura und das Wasser zufügen. Den Zucker mit einem Löffel zerdrücken, bis er sich aufgelöst hat, dann Whiskey zugießen und umrühren. Gestoßenes Eis zufügen und mit der Zitronenschalenspirale garnieren.

BOURBON COBBLER ▸

Für 1 Person
1 TL extrafeiner Zucker
1 Spritzer Zitronensaft
6 Eiswürfel, grob gestoßen
4 cl Bourbon
4 cl Southern Comfort
Sodawasser
1 Pfirsichspalte

Zucker und Zitronensaft in ein gekühltes Longdrinkglas geben. Das gestoßene Eis, Bourbon und Southern Comfort zufügen. Mit Sodawasser auffüllen und umrühren. Mit der Pfirsichspalte garnieren.

MOONRISE ▴

FÜR 1 PERSON
300 ml halbtrockener Cidre
1 EL brauner Zucker
1 Prise Zimt
1 Prise geriebene Muskatnuss
2 cl Apple Brandy
2 TL Sahne, leicht aufgeschlagen

Cidre mit Zucker, Zimt und geriebener Muskatnuss in einen Topf geben. Unter Rühren sanft erhitzen, bis sich der Zucker aufgelöst hat. In ein angewärmtes hitzebeständiges Glas gießen und den Apple Brandy einrühren. Mit Sahne abschließen.

SALOME

Mysteriös und sehr gewagt – genau wie der Tanz der Salome.

FÜR 1 PERSON
1 TL Gin
1 TL Dubonnet
1 TL Vermouth Dry
1 Kirsche oder Pekannuss

Gin, Dubonnet und Vermouth auf Eiswürfeln verrühren und in ein gekühltes Martiniglas gießen, mit einer Kirsche oder einer schwimmenden Pekannuss garnieren.

TAMAGOZAKE ◂

Ein kühner Drink für eine besondere Gelegenheit, aber achten Sie darauf, den Sake nicht vollständig abzubrennen. Blasen Sie die Flamme lieber aus, bevor Aroma und Alkohol dahin sind.

FÜR 1 PERSON
1 Ei
1 TL Zucker
12 cl Sake

Ei und Zucker leicht verrühren. Sake zum Kochen bringen, anzünden und vom Herd nehmen. Ei-Zucker-Mischung unterrühren und in einem Henkelbecher servieren.

SILVER STREAK

Dieser Schlummertrunk kann mit Gin oder Wodka zubereitet werden; wichtig ist, dass die Spirituose sehr kalt ist und der Mix nicht umgerührt wird – der Kümmellikör soll von selbst nach unten sinken.

FÜR 1 PERSON
4–6 Eiswürfel, grob gestoßen
2 cl Gin oder Wodka, geeist
2 cl Kümmellikör, geeist

Das gestoßene Eis in ein kleines Old-Fashioned- oder Whiskyglas geben und Gin oder Wodka zufügen. Kümmellikör daraufgießen und trinken, bevor sich die Flüssigkeiten ganz vermischt haben.

HUNGARIAN COFFEE ▴

FÜR 1 PERSON
4 cl Brandy
Zucker
starker schwarzer Kaffee, frisch gebrüht
1 EL geriebene Schokolade
Schlagsahne
1 Zimtstange

Brandy in ein angewärmtes, hitzebeständiges Glas gießen und nach Belieben Zucker zufügen. Kaffee und geriebene Schokolade zufügen und umrühren. Wenn sich der Zucker vollständig aufgelöst hat und die Schokolade geschmolzen ist, mit der Schlagsahne garnieren und mit der Zimtstange servieren. Nicht umrühren und den Kaffee durch die kühle Sahne hindurch trinken.

MOON LANDING ▲

FÜR 4 PERSONEN
2 cl Wodka
2 cl Tia Maria
2 cl Amaretto
2 cl Baileys Irish Cream

Wodka, Tia Maria, Amaretto und Baileys Irish Cream mit Eiswürfeln im Shaker schütteln, bis dieser deutlich beschlagen ist. In gekühlte Schnapsgläser abseihen.

KGB ▲

Der Name dieses Cocktails ist die Kurzform für Komitet Gossudarstwennoi Besopasnosti, den berüchtigten sowjetischen Geheimdienst. Vielleicht war er beliebt bei Agenten, die mal etwas anderes als Wodka trinken wollten.

FÜR 1 PERSON
3 cl Gin
1 cl Kümmellikör
1 Spritzer Apricot Brandy

Gin, Kümmellikör und Apricot Brandy mit Eiswürfeln im Shaker kräftig schütteln, bis dieser deutlich beschlagen ist. In ein gekühltes Martiniglas abseihen.

PINK SQUIRREL

FÜR 1 PERSON
grob gestoßenes Eis
4 cl dunkler Crème de Cacao
2 cl Crème de Noyaux
2 cl Sahne

Crème de Cacao, Crème de Noyaux und Sahne mit gestoßenem Eis im Shaker kräftig schütteln, bis dieser deutlich beschlagen ist. In ein gekühltes Martiniglas abseihen.

Crème de Noyaux hat ein wunderbares, leicht bitteres, nussiges Aroma, wird jedoch aus Pfirsich- und Aprikosenkernen hergestellt. In der Regel serviert man der Likör pur, er lässt sich jedoch auch gut mit anderen Zutaten kombinieren.

WHISKEY RICKEY ▲

FÜR 1 PERSON
4 cl American Blended Whiskey
4 cl frischer Limettensaft
Sodawasser
1 Limettenscheibe

Ein Longdrinkglas zur Hälfte mit Eis füllen und American Blended Whiskey und Limettensaft darübergießen. Mit Sodawasser auffüllen und mit der Limettenscheibe garnieren.

IRISH COW

FÜR 1–2 PERSONEN
250 ml Milch
4 cl Irish Whiskey
1 TL extrafeiner Zucker

Milch in einem kleinen Topf bis kurz unter den Siedepunkt erhitzen. Vom Herd nehmen und in ein vorgewärmtes, hitzebeständiges Glas oder einen hitzebeständigen Becher gießen. Irish Whiskey und Zucker zufügen und umrühren, bis sich der Zucker aufgelöst hat.

SLOE GIN RICKEY

Der echte Rickey wird mit Gin gemixt. Hier macht der Sloe Gin einen etwas süßeren, aber immer noch herben und erfrischenden Drink daraus.

FÜR 1 PERSON
4 cl Sloe Gin
2 cl frischer Limettensaft
Sodawasser
1 Limettenscheibe

Ein Longdrinkglas zur Hälfte mit Eis füllen. Sloe Gin und Limettensaft darübergießen. Mit Sodawasser auffüllen und mit der Limettenscheibe garnieren.

WHISKY MAC

Diesen beliebten Klassiker genießt man auf der ganzen Welt als wärmenden Wintertrunk; widerstehen Sie also der Versuchung, das Glas oder die Zutaten zu kühlen.

FÜR 1 PERSON
3 cl Scotch Whisky
2 cl Ingwerwein

Scotch Whisky und Ingwerwein vorsichtig in ein Old-Fashioned- oder Whiskyglas gießen. Zusammenfließen lassen, aber nicht umrühren.

ROADRUNNER

Ob dieser Cocktail nun nach dem echten Vogel, dem Großen Rennkuckuck, oder nach dem Alptraum von Wile E. Coyote benannt ist, in jedem Fall eignet er sich bestens, um nach einem hektischen Tag zur Ruhe zu kommen.

FÜR 1 PERSON
2 cl Wodka
1 cl Malibu
1 cl Amaretto

Wodka, Malibu und Amaretto mit Eiswürfeln im Shaker kräftig schütteln, bis dieser deutlich beschlagen ist. In ein gekühltes Martiniglas abseihen.

MEXICAN COFFEE

FÜR 1 PERSON
4 cl Kahlúa
Zucker
starker schwarzer Kaffee, frisch gebrüht
Schlagsahne
geriebene Schokolade

Kahlúa in ein vorgewärmtes, hitzebeständiges Glas geben und nach Belieben Zucker zufügen. Kaffee zugießen und umrühren. Wenn sich der Zucker vollständig aufgelöst hat, mit Schlagsahne und Schokolade garnieren. Nicht umrühren und den Kaffee durch die kühle Sahne hindurch trinken.

POLISH SIDECAR

FÜR 1 PERSON
4 cl Gin
2 cl Blackberry Brandy
2 cl Zitronensaft
1 frische Brombeere

Gin, Blackberry Brandy und Zitronensaft mit Eiswürfeln im Shaker kräftig schütteln, bis dieser deutlich beschlagen ist. In ein gekühltes Martiniglas abseihen und mit der frischen Brombeere garnieren.

ČSA-BAR

BERLIN

Karl Marx würde sich im Grab umdrehen, wenn er um dieses elegante Etablissement mitten auf der nach ihm benannten Allee wüsste. Tatsächlich wäre wohl jeder, der den einst heruntergekommenen Ostberliner Bezirk Friedrichshain in den 1990er-Jahren kannte, über seine Verwandlung im 21. Jahrhundert erstaunt.

In dieser minimalistischen Bar in der ehemaligen Geschäftsstelle der ČSA Czech Airlines hat man die besten Stücke des Originaldekors aus den 1950er-Jahren behalten, sich jedoch nicht gescheut, den Rest der Geschichte des Kalten Krieges zu überlassen.

Hinter der Bartheke im weißen Hauptraum prangen an der rückwärtigen Wand hintergrundbeleuchtete Werbeelemente der Flug-

BERÜHMT FÜR
KOMMUNISTISCHE KONVERSION

CHARLOTTE COCKTAIL

Dieser Cocktail enthält eine in Vergessenheit geratene „alte deutsche Dame", den Eierlikör, und ist einer anderen Dame gewidmet, der Mutter des ČSA-Bar-Besitzers René Flatau. Eierlikör war in ihrer Generation ein beliebtes Tröpfchen.

FÜR 1 PERSON
- etwas brauner Zucker
- 4 cl Eierlikör, z. B. Advocaat
- 3 cl goldener Rum
- 1 cl Red Orange Curaçao
- 6 cl frisch gepresster Orangensaft

Eine Sektflöte oder ein Margaritaglas kühlen, den Rand erst auf ein nasses Papierhandtuch und dann in Zucker drücken. Die restlichen Zutaten mit Eiswürfeln im Shaker schütteln und die Mischung zweimal abseihen, beim zweiten Mal in das vorbereitete Glas.

„Ich wollte einen zeitlosen Stil und Ort schaffen. Die frühere Geschäftsstelle der ČSA war ideal, Vergangenheit, Gegenwart und Zukunft zu vereinen."

René Flatau, Besitzer

gesellschaft. Die Bar selbst jedoch ist elegant und modern. Die Tische in den privaten „Salons" zu beiden Seiten der Bar verfügen über eingebaute Drehaschenbecher aus den 1960er-Jahren, aber die Sofas, auf denen die Gäste Platz nehmen, sind der Inbegriff zeitgenössischer Eleganz. All das ist weit entfernt von kitschiger Ostalgie.

Weiche Strahler verströmen ein schmeichelndes Licht, aus den Fenstern blickt man auf das hektische Treiben der Karl-Marx-Allee. Bei Schnee wird die Aussicht zum romantischen Postkartenmotiv.

Drinnen erwärmt eine lange Cocktailliste das Gemüt, während Jazz- und Lounge-Musik für eine angenehm entspannte Stimmung sorgen. Die Atmosphäre ist sehr freundlich, und kein Kritiker scheint je das ČSA zu besuchen, ohne den liebenswürdigen Service zu loben. Teilen Sie dem Personal Ihre Vorlieben mit, und man wird Ihnen den passenden Cocktail servieren.

ČSA-BAR
Karl-Marx-Allee 96
Friedrichshain
10243 Berlin
+49 30 290 44 741
www.csa-bar.de

Täglich geöffnet
20.00 Uhr bis der letzte Gast geht

DER MORGEN DANACH

Verspüren Sie das Bedürfnis, wieder in das Land der Lebenden zurückzukehren? Gehören Sie zu denjenigen, die auf ein Katerbier schwören, dann werden diese altbewährten Rezepte Sie von der pelzigen Zunge befreien und die Kopfschmerzen vertreiben. Wenn nicht, lernen Sie vielleicht die Vorzüge einer solchen Rosskur zu schätzen …

PRAIRIE OYSTER

Zweifellos der ultimative Katerkiller. Er sollte in einem Zug getrunken werden.

FÜR 1 PERSON
2 cl Brandy
1 TL Worcestershiresauce
2 Spritzer Tabasco
Salz
frisch gemahlener Pfeffer
1 Ei

Brandy, Worcestershiresauce und Tabasco mit Eiswürfeln im Shaker schütteln, bis dieser deutlich beschlagen ist. Nach Belieben mit Salz und Pfeffer würzen und in ein gekühltes Whiskyglas abseihen. Das Ei vorsichtig ins Glas schlagen, ohne das Eigelb zu verletzen.

Im Film *Cabaret* mixt Liza Minnelli als Sally Bowles einen Prairie Oyster für ihren Zimmergenossen Brian Roberts, gespielt von Michael York. Der Drink hat allerdings einen seltsamen Pfefferminzgeschmack, weil sie ihn versehentlich in ihrem Zahnputzbecher mixt.

Ganz wichtig ist es, das Eigelb nicht zu verrühren. Der Drink soll in einem Zug getrunken werden – das ist vielleicht auch besser so, da manche Menschen ihn nicht sehr appetitlich finden.

Der Prairie Oyster lässt sich auch mit Selleriesalz und Cayennepfeffer zubereiten. Eine weitere Variante ist die Bloody Prairie Oyster – im Prinzip eine Bloody Mary mit einem rohen Eigelb darin.

APPLE RUM RICKEY

FÜR 1 PERSON
2 cl Apfelschnaps
1 cl weißer Rum
1 cl Limettensaft
grob gestoßenes Eis
kohlensäurehaltiges Mineralwasser
1 Limettenscheibe

Apfelschnaps, Rum und Limettensaft mit Eiswürfeln kräftig im Shaker schütteln, bis dieser deutlich beschlagen ist. Ein gekühltes Longdrinkglas zur Hälfte mit gestoßenem Eis füllen und den Cocktail hineinseihen. Mit Mineralwasser auffüllen und mit der Limettenscheibe garnieren.

BLOODHOUND ▸

Ein eher leichter, zarter Drink – können Sie die Zutaten erschnuppern?

FÜR 1 PERSON
4 cl Gin
2 cl Vermouth Sweet
2 cl Vermouth Dry
3 Erdbeeren
gestoßenes Eis

Gin, Vermouth Sweet, Vermouth Dry und Erdbeeren in einem kleinen Mixer mit etwas gestoßenem Eis zu einer glatten Mischung verarbeiten. In ein gekühltes Martiniglas abseihen.

BULLSHOT

Kalter Rinderfond mit einer besonderen Note. Am besten eiskalt genießen.

FÜR 1 PERSON
2 cl Wodka
4 cl klarer Rinderfond oder hausgemachte Brühe
1 Spritzer frischer Zitronensaft
2 Spritzer Worcestershiresauce
grob gestoßenes Eis
Selleriesalz
1 Zitronenschalenstreifen

Wodka, Rinderfond, Zitronensaft und Worcestershiresauce mit Eiswürfeln kräftig im Shaker schütteln. Gestoßenes Eis in ein Martiniglas füllen und den Cocktail hineinseihen. Mit dem Selleriesalz bestreuen und mit dem Zitronenschalenstreifen garnieren.

PERFECT LOVE

FÜR 1 PERSON
2 cl Wodka
1 cl Parfait Amour
1 cl Maraschino
gestoßenes Eis

Wodka, Parfait Amour und Maraschino mit Eiswürfeln im Shaker schütteln, bis dieser deutlich beschlagen ist. Gestoßenes Eis in ein gekühltes Martiniglas geben und den Cocktail hineinseihen.

CUPID ▲

FÜR 1 PERSON
4 cl Sherry Dry
1 TL Zuckersirup
1 Ei
1 Spritzer Tabasco

Sherry, Zuckersirup, Ei und Tabasco mit Eiswürfeln im Shaker kräftig schütteln, bis dieser deutlich beschlagen ist. In ein gekühltes Martiniglas abseihen.

Der Name dieses Cocktails ist die wörtliche Übersetzung einer seiner Zutaten. Parfait Amour ist ein ungewöhnlicher violetter, mit Veilchen, Rosenblüten und Vanille aromatisierter Likör.

BROWN COW

Wenn Sie nicht zu gebrauchen sind, bevor Sie Ihren Morgenkaffee getrunken haben: hier eine hübsche Variante.

FÜR 1 PERSON
grob gestoßenes Eis
2 cl Kahlúa
6 cl Milch, gekühlt

Kahlúa und Milch mit gestoßenem Eis im Shaker kräftig schütteln, bis dieser deutlich beschlagen ist. Ein gekühltes Whiskyglas zur Hälfte mit gestoßenem Eis füllen und den Cocktail hineinseihen.

FERDINAND THE BULL ▲

Dieser Cocktail enthält keinen Alkohol.

FÜR 1 PERSON
8 cl Tomatensaft
8 cl Rinderfond, gekühlt
2 cl Limettensaft
1 Spritzer Worcestershiresauce
1 Spritzer Tabasco
grob gestoßenes Eis
Salz und frisch gemahlener schwarzer Pfeffer
1 Limettenspalte

Alle flüssigen Zutaten mit Eiswürfeln im Shaker schütteln, bis dieser beschlagen ist. Ein gekühltes Longdrinkglas zur Hälfte mit gestoßenem Eis füllen und den Cocktail hineinseihen. Mit Salz und Pfeffer abschmecken und mit der Limettenspalte garnieren.

WHITE COSMOPOLITAN

Anders als sein rosa Verwandter, der Cosmopolitan (Seite 149), ist diese Variante weitaus fruchtiger und basiert anstelle von Wodka auf einem ausdrucksvollen Zitronenlikör.

FÜR 1 PERSON
3 cl Limoncello
1 cl Cointreau
2 cl heller Cranberry-Trauben-Saft
1 Spritzer Orangenbitter
einige rote Cranberrys

Limoncello, Cointreau und Cranberry-Trauben-Saft mit Eiswürfeln im Shaker schütteln, bis dieser deutlich beschlagen ist. In ein gekühltes Martiniglas abseihen, einen Spritzer Orangenbitter zufügen und mit den Cranberrys garnieren.

MINT SUNRISE ◂

FÜR 1 PERSON
grob gestoßenes Eis
3 cl Scotch Whisky
1 cl Brandy
1 cl White Curaçao
1 frischer Minzezweig

Scotch Whisky, Brandy und White Curaçao über gestoßenes Eis in einem gekühlten Longdrink- oder Whiskyglas gießen und vorsichtig umrühren. Mit dem frischen Minzezweig garnieren.

Muntermacher wie Widow's Wish enthalten traditionell ein rohes Ei als Quelle für leicht verdauliches Protein und die Energie, die am Morgen danach fehlt.

OCEAN BREEZE

Im Handumdrehen gemixt und so farbenprächtig wie der schaumgekrönte Ozean in der Morgendämmerung – verdünnen Sie ihn nur nicht allzu sehr.

FÜR 1 PERSON
2 cl weißer Rum
2 cl Amaretto
1 cl Blue Curaçao
1 cl Ananassaft
Sodawasser

Rum, Amaretto, Blue Curaçao und Ananassaft mit Eiswürfeln im Shaker schütteln. In ein Longdrinkglas gießen und nach Belieben mit Sodawasser auffüllen.

WIDOW'S WISH

FÜR 1 PERSON
4 cl Bénédictine
1 Ei
Sahne

Bénédictine und Ei mit Eiswürfeln im Shaker kräftig schütteln, bis dieser deutlich beschlagen ist. In ein gekühltes Whiskyglas abseihen und mit Sahne auffüllen.

SUFFERING FOOL

FÜR 1 PERSON
1 EL Angostura
grob gestoßenes Eis
4 cl Gin
3 cl Brandy
1 cl Limettensaft
1 TL Zuckersirup
Ginger Beer oder Ginger Ale
1 Limettenscheibe
1 frischer Minzezweig

Angostura in ein gekühltes Longdrinkglas geben und schwenken. Überschuss abgießen. Glas zur Hälfte mit gestoßenem Eis füllen. Gin, Brandy, Limettensaft und Zuckersirup über das Eis gießen und gut umrühren. Mit Ginger Beer oder Ginger Ale auffüllen und vorsichtig umrühren. Mit der Limettenscheibe und der Minze garnieren.

NINETEEN PICK-ME-UP ▸

FÜR 1 PERSON
4 cl Pernod
2 cl Gin
1 Spritzer Zuckersirup
1 Spritzer Angostura
grob gestoßenes Eis
kohlensäurehaltiges Mineralwasser

Pernod, Gin, Zuckersirup und Angostura mit Eiswürfeln im Shaker kräftig schütteln, bis dieser deutlich beschlagen ist. Ein Longdrinkglas zur Hälfte mit gestoßenem Eis füllen und den Cocktail hineinseihen. Mit Mineralwasser auffüllen.

MOONLIGHT

FÜR 1 PERSON
4 cl Apfelschnaps
4 cl Zitronensaft
½ TL Zuckersirup
grob gestoßenes Eis

Apfelschnaps, Zitronensaft und Zuckersirup mit Eiswürfeln im Shaker kräftig schütteln, bis dieser deutlich beschlagen ist. Ein gekühltes Whiskyglas zur Hälfte mit gestoßenem Eis füllen und den Cocktail hineinseihen.

Geht es Ihnen bereits schlecht, kann der Nineteen Pick-Me-Up helfen, er könnte aber auch Unwohlsein hervorrufen – das müssen Sie selbst abwägen.

RNO

HOT AND DIRTY MARTINI ▲

Dieser besondere Martini wärmt den Bauch und bringt Sie für den kommenden Tag auf Trab.

FÜR 1 PERSON
6 cl Chili-Wodka
1 cl Vermouth Dry
1 TL Olivenlake
1 gefüllte Olive

Chili-Wodka, Vermouth und Olivenlake mit Eiswürfeln im Shaker schütteln, bis dieser deutlich beschlagen ist. In ein gekühltes Martiniglas oder in eine gekühlte Cocktailschale abseihen und mit der gefüllten Olive garnieren.

FROZEN PINEAPPLE DAIQUIRI ▲

FÜR 1 PERSON
gestoßenes Eis
4 cl weißer Rum
2 cl Limettensaft
½ TL Ananassirup
50 g frische Ananas, fein gehackt
Ananasstücke

Gestoßenes Eis mit Rum, Limettensaft, Ananassirup und gehackter Ananas im Mixer zu einer feinen Mischung verarbeiten. In ein gekühltes Martiniglas gießen und mit den Ananasstücken garnieren.

SALTY DOG

FÜR 1 PERSON
1 EL Kristallzucker
1 EL grobes Salz
1 Limettenspalte
6–8 Eiswürfel, grob gestoßen
4 cl Wodka
Grapefruitsaft

Zucker und Salz auf einer Untertasse mischen. Den Rand eines gekühlten Longdrinkglases mit der Limettenspalte abreiben und in die Zucker-Salz-Mischung drücken. Das Glas mit gestoßenem Eis füllen und den Wodka darübergießen. Mit Grapefruitsaft auffüllen und umrühren.

PLANTER'S PUNCH REFRESHER

FÜR 1 PERSON
2 cl Rum
2 cl Limettensaft
1–2 TL Grenadine
1 Spritzer Angostura
grob gestoßenes Eis
Sodawasser oder kohlensäurehaltiges Mineralwasser

Rum, Limettensaft, Grenadine und Angostura mit Eiswürfeln im Shaker kräftig schütteln, bis dieser deutlich beschlagen ist. Ein gekühltes Longdrinkglas zur Hälfte mit gestoßenem Eis füllen, den Cocktail hineinseihen und mit dem Wasser auffüllen.

Als der Salty Dog erfunden wurde, standen Gin-Mischungen mit Abstand am höchsten im Kurs, aber heute wird der Cocktail häufiger mit Wodka gemixt. Sie können wählen, die beiden Cocktails schmecken recht unterschiedlich.

GINGER BEER

Hier ist nicht das in England bekannte Ingwerbier gemeint, sondern eine Cocktail-Variante gleichen Namens.

FÜR 1 PERSON
250 ml Bier, gekühlt
4 cl Ginger Brandy

Bier in ein gekühltes Bierglas oder einen gekühlten Henkelbecher füllen, dann den Ginger Brandy zufügen.

WOO-WOO

FÜR 1 PERSON
grob gestoßenes Eis
4 cl Wodka
4 cl Pfirsichschnaps
8 cl Cranberrysaft

Ein gekühltes Longdrinkglas zur Hälfte mit gestoßenem Eis füllen. Wodka, Pfirsichschnaps und Cranberrysaft über das Eis gießen und gut umrühren.

MOONSHOT

FÜR 1 PERSON
grob gestoßenes Eis
1 Spritzer Tabasco
4 cl Gin
6 cl Muschelsaft
1 Selleriestange

Gestoßenes Eis in ein Rührglas geben. Tabasco über das Eis geben, dann Gin und Muschelsaft darübergießen. Gut umrühren und in ein gekühltes Longdrink- oder Whiskyglas abseihen. Mit der Selleriestange garnieren.

FUZZY NAVEL

FÜR 2 PERSONEN
grob gestoßenes Eis
4 cl Wodka
2 cl Pfirsichschnaps
250 ml Orangensaft
Kapstachelbeeren (Physalis)

Wodka, Pfirsichschnaps und Orangensaft mit gestoßenem Eis kräftig im Shaker schütteln, bis dieser deutlich beschlagen ist. In ein gekühltes Martiniglas abseihen und mit Kapstachelbeeren garnieren.

Der Fuzzy Navel gehört zu den Cocktails, deren Name auf die Zutaten anspielt – „Fuzzy" (samtig) bezieht sich auf den Pfirischschnaps und „Navel" auf den Orangensaft.

BRANDY COBBLER ▲

FÜR 1 PERSON
1 TL extrafeiner Zucker
6 cl kohlensäurehaltiges Mineralwasser
grob gestoßenes Eis
4 cl Brandy
1 Zitronenscheibe
1 Cocktailkirsche

Zucker in ein kleines gekühltes Whiskyglas geben und das Mineralwasser zufügen. Umrühren, bis sich der Zucker aufgelöst hat, dann das Glas mit gestoßenem Eis auffüllen. Brandy zufügen und gut umrühren. Mit der Zitronenscheibe und der Cocktailkirsche garnieren.

RUM COBBLER ▸

FÜR 1 PERSON
1 TL extrafeiner Zucker
4 cl kohlensäurehaltiges Mineralwasser
grob gestoßenes Eis
4 cl weißer Rum
1 Limettenscheibe
1 Orangenscheibe

Zucker in ein gekühltes Weinglas geben. Mineralwasser zufügen und umrühren, bis sich der Zucker aufgelöst hat. Das Glas mit gestoßenem Eis auffüllen und den Rum zugießen. Gut umrühren und mit der Limetten- und der Orangenscheibe garnieren.

DOG'S NOSE ◂

FÜR 1 PERSON
250 ml helles Bier, gekühlt
2 cl Gin

Bier in ein gekühltes Bierglas oder einen Henkelbecher gießen und den Gin zufügen.

RIKKI-TIKKI-TAVI ▸

FÜR 1 PERSON
1 Zuckerwürfel
1 Spritzer Angostura
1 TL Brandy
1 TL White Curaçao
Champagner, gekühlt

Zuckerwürfel in eine gekühlte Sektflöte geben und mit Angostura beträufeln, bis er rot, aber noch intakt ist. Brandy und White Curaçao zugießen und mit Champagner auffüllen.

YORSH ▴

FÜR 1 PERSON
250 ml helles Bier, gekühlt
4 cl Wodka

Bier in ein gekühltes Bierglas oder einen Henkelbecher gießen und den Wodka zufügen.

Rikki-Tikki-Tavi ist ein Mungo in einer Kurzgeschichte von Rudyard Kipling. Was genau der Cocktail mit einem Mungo gemein hat, darf jeder selbst erraten, auf jeden Fall verleiht er Schwung.

PACIFIC SUNRISE ◄

FÜR 1 PERSON
2 cl weißer Tequila
2 cl Blue Curaçao
2 cl Limettensaft
1 Spritzer Magenbitter

Tequila, Blue Curaçao, Limettensaft und Magenbitter mit Eiswürfeln im Shaker kräftig schütteln, bis dieser deutlich beschlagen ist. In ein gekühltes Martiniglas abseihen.

ABSINTHE FRIEND

Der echte Absinth war beliebt als Cocktailzutat und Digestif, aber er kann auch durch einen beliebigen Anisschnaps wie Pernod oder Ricard ersetzt werden.

FÜR 1 PERSON
2 cl Gin
2 cl Absinth oder Pernod
1 Spritzer Angostura
1 Spritzer Zuckersirup

Gin, Absinth, Angostura und Zuckersirup mit Eiswürfeln im Shaker kräftig schütteln, bis dieser deutlich beschlagen ist. In ein gekühltes Whiskyglas abseihen.

CHAMPAGNE PICK-ME-UP ▲

Nach einem Glas dieses köstlichen Cocktails werden Sie vor Energie übersprudeln.

FÜR 1 PERSON
4 cl Brandy
2 cl Orangensaft
2 cl Zitronensaft
1 Spritzer Grenadine
Champagner, gekühlt

Brandy, Orangensaft, Zitronensaft und Grenadine mit Eiswürfeln im Shaker kräftig schütteln, bis dieser deutlich beschlagen ist. Die Mischung in ein Weinglas oder eine Sektflöte abseihen und mit Champagner auffüllen.

WALLIS SIMPSON ▸

FÜR 1 PERSON
2 cl Southern Comfort
1 TL extrafeiner Zucker
1 Spritzer Angostura
Champagner, gekühlt
1 Orangenscheibe

Southern Comfort in eine gekühlte Sektflöte gießen, Zucker zufügen und gut umrühren, bis sich der Zucker aufgelöst hat. Angostura zufügen und mit Champagner auffüllen. Mit der Orangenscheibe garnieren.

STARS AND SWIRLS

Für diesen Cocktail brauchen Sie eine ruhige Hand – oder besser zwei Paar ruhige Hände.

FÜR 1 PERSON
2 cl Malibu
1 großer Eiswürfel
1 cl Erdbeer- oder Himbeerlikör
1 TL Blue Curaçao

Ein Schnapsglas eiskalt stellen. Malibu hineingießen und den Eiswürfel ins Glas geben. Die anderen beiden Liköre – den roten Erdbeer- oder Himbeerlikör und den Blue Curaçao – auf entgegengesetzten Seiten des Glases vorsichtig hineingießen. Dabei sehr langsam vorgehen, damit sie an der Glaswand herunterlaufen und Wirbel bilden können.

FROZEN PEACH DAIQUIRI ▸

FÜR 1 PERSON
gestoßenes Eis
4 cl weißer Rum
2 cl Limettensaft
1 TL Zuckersirup
½ Pfirsich, geschält, entsteint und gehackt
1 Pfirsichspalte

Gestoßenes Eis mit Rum, Limettensaft, Zuckersirup und dem gehackten Pfirsich im Mixer zu einer feinen Mischung verarbeiten. In ein gekühltes Martiniglas gießen und mit der Pfirsichspalte garnieren.

BLINDING SUNRISE

FÜR 1 PERSON
2 cl weißer Tequila
2 cl Wodka
6 cl Orangensaft
1 TL Triple Sec
grob gestoßenes Eis
2 cl Grenadine

Tequila, Wodka, Orangensaft und Triple Sec mit Eiswürfeln im Shaker kräftig schütteln, bis dieser deutlich beschlagen ist. Ein Longdrinkglas zur Hälfte mit gestoßenem Eis füllen und den Cocktail hineinseihen. Grenadine langsam hineingießen.

CORPSE REVIVER

Wie der Name schon sagt, erweckt dieser Cocktail nach einer durchgemachten Nacht Tote zum Leben und macht sogar Lust auf die nächste Party.

FÜR 1 PERSON
grob gestoßenes Eis
4 cl Brandy
2 cl Apfelschnaps
2 cl Vermouth Sweet

Gestoßenes Eis in ein Rührglas geben. Brandy, Apfelschnaps und Vermouth über das Eis gießen. Leicht umrühren und in ein gekühltes Martiniglas abseihen.

KAMIKAZE

Dieser Cocktail ist so köstlich, dass man ihn nicht wieder absetzen kann.

FÜR 1 PERSON
2 cl Wodka
2 cl Triple Sec
1 cl frischer Limettensaft
1 cl frischer Zitronensaft
trockener Weißwein, gekühlt
1 Limettenscheibe
1 Gurkenscheibe

Wodka, Triple Sec, Limetten- und Zitronensaft mit Eiswürfeln im Shaker schütteln, bis dieser beschlagen ist. In ein gekühltes Longdrinkglas abseihen und mit Weißwein auffüllen. Mit der Limetten- und der Gurkenscheibe garnieren.

BREAKFAST

Mit Ei, aber ohne Speck – wenn Sie die ganze Nacht durchgefeiert haben und es ist Zeit für das Frühstück, versuchen Sie es doch mal mit diesem Drink.

FÜR 1 PERSON
grob gestoßenes Eis
4 cl Gin
2 cl Grenadine
1 Eigelb

Gin und Grenadine über gestoßenes Eis in einen Shaker gießen und das Eigelb hinzufügen. Kräftig schütteln, bis der Shaker deutlich beschlagen ist. In ein gekühltes Whiskyglas abseihen.

PUROBEACH OASIS DEL MAR

PALMA DE MALLORCA

Yoga und Massagen am Vormittag, Mojitos und DJs am Abend – diese verführerische Mischung macht das *Purobeach* auf Mallorca bei Kritikern zur beliebtesten Open-Air-Bar. Luxus-Reisemagazine wie *Mr and Mrs Smith* und *Condé Nast Traveler* sind sich mit den betuchten europäischen Gästen des *Purobeach* darüber einig, dass diese künstliche Halbinsel in der Bucht von Palma die coolste Strandbar auf den Balearen ist.

Der strahlend weiße Komplex besteht aus einem modernisierten Art-déco-Pavillon und einer Terrasse mit Pool direkt am Meer. Im Erdgeschoss des Pavillons befindet sich eine Restaurant-Bar, im Untergeschoss ein Wellnessbereich mit Behandlungsräumen.

BERÜHMT FÜR
PARADIESISCHE LAGE

ULTRA VIOLET

Dieser äußerst beliebte Longdrink passt perfekt zu den heißen Sommernächten im *Puro*.

FÜR 1 PERSON
8 cl Absolut Kurant Wodka
4 cl Blue Curaçao
2 TL Erdbeersirup
2 TL Grenadine
Sodawasser
Sternfruchtscheiben

Absolut Kurant Wodka, Blue Curaçao, Erdbeersirup und Grenadine im Shaker schütteln. Ein Longdrinkglas zur Hälfte mit Eiswürfeln füllen und den Mix darübergießen. Mit Sodawasser auffüllen und mit den Sternfruchtscheiben garnieren.

„*Purobeach* bietet eine Klubatmosphäre zum Wohlfühlen, in der unsere Gäste die Yogastunde am Morgen und einen gekühlten Puro Rosé Daiquiri am Abend genießen können."

Peter Estebe, Manager

Vor dem Sonnenuntergang erhaschen die Gäste auf den weißen Liegen der Terrasse noch die letzten wärmenden Strahlen. Andere entspannen in niedrigen weißen Sofas und Sesseln und genießen die wunderbare Aussicht von der offenen Veranda aus, während sie sich an Meeresfrüchten und dem ausgezeichneten Crossfood laben.

Die Einrichtung wurde einmal als „Miami meets Marrakesch" beschrieben, was die Bar tatsächlich treffend beschreibt. Eine große marokkanische Muschellampe erstreckt sich über die ganze Decke, und die Lampenschirme im Hippiestil sind mit Muscheln besetzt.

Auf die Bar – und die Terrasse – konzentriert sich die Aufmerksamkeit während der täglichen „Sonnenuntergangszeremonie". Der DJ wechselt von zarten, eklektischen, unterkühlten Beats zu stylischen Deep-House-Tracks, die Gäste indes von Smoothies zu Cocktails. Bei den Vollmondpartys legen gern auch Berühmtheiten auf.

PUROBEACH OASIS DEL MAR
Cala Estancia
Palma de Mallorca
+34 971 744 744
www.purobeach.com

Täglich geöffnet
März bis Oktober: 11.00 bis 02.00 Uhr

November bis Februar:
Montag bis Donnerstag:
11.00 bis 19.00 Uhr
Freitag bis Sonntag:
11.00 bis 01.00 Uhr

COCKTAILREGISTER

SACHREGISTER

EIGENE KREATIONEN